AF186475

Manfred Krüger

# GLAUBEN SIE NOCH
## oder
# LEBEN SIE SCHON?

Schärfen Sie Ihren Sinn
für
die Realitäten des Lebens

Autor / Rechteinhaber: Manfred Krüger
Umschlaggestaltung: Manfred Krüger
Lektorat: Gabriele Koske
        Ursula Wenke

Verlag: tredition GmbH, Hamburg
ISBN: 978-3-8495-7206-8
Printed in Germany

Bibliografische Information der Deutschen Nationalbibliothek:
Die Deutsche Nationalbibliothek verzeichnet diese Publikation in der Deutschen Nationalbibliografie; detaillierte bibliografische Daten sind im Internet über http://dnb.d-nb.de abrufbar.

Dieses Buch ist für Menschen
jeden Alters,
die gesellschaftliche Normen
kritisch hinterfragen
und an ihrer
persönlichen Entwicklung
interessiert sind.

# Vorwort

Auch wenn ich mich entschlossen habe, dieses Buch zu schreiben, erhebe ich keinen wissenschaftlichen Anspruch und ich möchte mich auch nicht in der Tiefe der Themen verstricken. Das Leben ist einfach, wenn man es sich nicht schwer macht. Deshalb habe ich auch das Buch einfach und für jedermann verständlich geschrieben. Ich verzichte auf schwer verständliche wissenschaftliche Thesen oder Fachausdrücke. Ich möchte mit wenigen Worten viel sagen und nicht umgekehrt mit vielen Worten wenig. Ich möchte auf den Punkt bringen, was ich zu sagen habe. Wenn ich Begrifflichkeiten wie Glaube oder Realität verwende, sind sie im alltagssprachlichen Sinne zu verstehen. Ich habe mich von der Entwicklung meines Lebens, meiner Lebenserfahrung und meinem gesunden Menschenverstand leiten lassen und meinen Gedanken freien Lauf gelassen. Ich möchte erreichen, dass Sie als Leser meines Buches Entspanntheit und Zufriedenheit erreichen, um glückliche Momente erleben zu können, statt sich auf den Straßen des Lebens zu verfahren. Ich habe mein Leben, ausgehend von einer unglücklichen Kindheit, in den Griff bekommen. Was ich geschafft habe, kann jeder andere auch schaffen! Das Leben ist schön. Verpassen Sie es nicht. Geben Sie Ihrem Leben eine Wende. Verharren Sie nicht weiter in alten Denk- und Verhaltensmustern und erfahren Sie eine neue Lebenswirklichkeit. Nichts steht Ihnen im Weg, nur Ihr eigenes Denken.

Wenn Sie als Leser dieses Buches
es am Ende nicht als Bibel,
sondern als Fibel benutzen,
um zu einem entspannten,
zufriedenen und glücklichen
Leben zu finden, dann habe
ich alles richtig gemacht.

# REALITÄT:

Als Realität wird im allgemeinen Sprachgebrauch die Gesamtheit des Realen bezeichnet. Als „real" wird zum einen etwas bezeichnet, das keine Illusion ist und nicht von den Wünschen oder Überzeugungen eines Einzelnen abhängig ist. Zum anderen ist „real" vor allem etwas, das in Wahrheit so ist, wie es erscheint, beziehungsweise dem bestimmte Eigenschaften „robust", also nicht nur in einer Hinsicht und nicht nur vorübergehend, zukommen. Realität ist in diesem Sinne dasjenige, das die Eigenschaften der darzustellenden Wirklichkeit in vielerlei Hinsicht und ohne Verzerrungen wiedergibt

# GLAUBE:

Unter Glauben versteht man zumeist eine Wahrscheinlichkeitsvermutung. Glauben in diesem Sinne bedeutet, dass ein Sachverhalt hypothetisch für wahr gehalten wird. Darin unterscheidet sich „glauben" einerseits vom religiösen Glauben, der stets auf dem Willen zum Glauben beruht und die absolute Wahrheit des Glaubensinhalts (z. B. die Existenz Gottes) unterstellt. Andererseits unterscheidet sich Glauben vom Wissen, das als wahre und gerechtfertigte Meinung verstanden werden kann. Glauben im alltäglichen Sprachgebrauch ist also eine Vermutung oder Hypothese, welche die Wahrheit des vermuteten Sachverhalts zwar annimmt, aber zugleich die Widerlegung offenlässt, wenn sich die Vermutung durch Tatsachen oder neue Erkenntnisse als ungerechtfertigt herausstellen sollte.

Alles begann 1957 in meiner Heimatstadt Kiel. Ich war damals zehn Jahre alt und hatte bis dahin noch nie einen Gottesdienst besucht. Einer meiner Spielkameraden überredete mich, ihn einmal in die Kirche in unserem Stadtteil zu begleiten. Er selbst nahm, angeregt durch seine Eltern, regelmäßig am Gottesdienst teil. Erwartungsvoll setzte ich mich neben ihn in die erste Reihe und war sehr gespannt, was da auf mich zukommen würde. Ein Lied wurde angestimmt, dann wandte sich der Geistliche mit ein paar einleitenden Worten an seine Gemeinde, und plötzlich trat er auf mich zu und begrüßte mich persönlich. Er freute sich, mich als neuen Teilnehmer im Gottesdienst begrüßen zu dürfen, und bat mich ohne Umschweife, das Vaterunser vorzubeten. Ich war überrascht und peinlich berührt. Ich kannte weder ein solches Ritual noch den Text des Vaterunsers. Das eingestehen zu müssen, war mir sehr unangenehm, und ich fühlte förmlich, wie mich die anderen belächelten. Doch als ich das Entsetzen des Geistlichen bemerkte, wollte ich am liebsten vor Scham im Boden versinken oder die Kirche fluchtartig verlassen. Er drehte sich um und würdigte mich keines Blickes mehr. Die anderen Anwesenden dagegen rügten mich ausgiebig und forderten mich auf, bis zum nächsten Gottesdienst unbedingt das Vaterunser zu lernen.

Dies war mein erster Kontakt zur Kirche und es sollte auch mein letzter bleiben. Vergessen habe ich diesen Gottesdienst niemals.

Heute bin ich 65 Jahre alt und hatte seitdem nie mehr das Bedürfnis, einen Gottesdienst zu besuchen.

Nun mag es sein, dass dieser Geistliche sich mir gegenüber etwas unglücklich verhalten hatte, aber er hatte erreicht, dass ich mich für immer von der Kirche verabschiedete. Andererseits war er aber auch der Grund dafür, dass ich immer wieder über die Kirche nachdachte, darüber, was die Kirche überhaupt ist, was es mit dem Kirchgang auf sich hat und was das alles soll, die diversen Rituale, die Gebete, der Gesang und die Bibel. Verstanden habe ich das bis heute nicht.

Jesus ist seit mehr als zweitausend Jahren tot und ihm wird immer noch gehuldigt, obwohl wir heute mehr Probleme haben als je zuvor.

Sind Menschen, die in eine
Kirche gehen und eine Religion
praktizieren, wirklich glücklicher
als Menschen, die nicht gläubig sind?

Diese Frage stellte ich mir schon damals und sie hat mich bis heute nicht mehr losgelassen. Erstaunt hat mich die Macht der Kirche und wie sie es immer wieder verstand, sich in den Vordergrund zu stellen und Gläubige für Inhalte zu begeistern, die nicht der Realität entsprechen. In der zivilisierten Welt haben viele Menschen verstanden, dass Religion unter anderem Stillstand oder Rückschritt bedeutet, und kehren den Kirchen den Rücken. In armen und islamischen Ländern ist es genau umgekehrt. In dem Glauben an ein besseres Leben wendet man sich hin zu Gott. Wenn man aber realistisch auf diese Länder schaut, ist festzustellen, dass sie im Rückschritt leben und Gottes Hilfe nicht ankommt.

Heute bezeichne ich mich als Durchschnittsbür-
ger. Doch erst ungefähr ab meinem fünfundzwan-
zigsten Lebensjahr hatte ich zu mir gefunden.
Meine Kindheit war sehr schwer und belastend.
Ich wuchs mit zwei Brüdern, einer war behindert,
in einem Arbeiterviertel auf. Unsere Wohnung
hatte nur zwei Zimmer. Es gab kein Bad und die
Toilette war auf halber Etage. Wir fünf Personen
schliefen in einem Schlafzimmer. Meine Brüder
teilten sich ein Hochbett. Ich als Jüngster schlief
auf der Ritze im Doppelbett meiner Eltern; dies
war vielleicht auch der Grund, warum ich nur zwei
Brüder habe. Das Geld war immer knapp. Mein
Vater war Geschäftsführer in einem Supermarkt
und meine Mutter kümmerte sich, allerdings recht
lieblos, um uns Kinder. Meine Eltern waren ständig zerstritten, was uns Kinder sehr belastete. Mit
meinem ältesten Bruder, der fünf Jahre älter war
als ich, verstand ich mich überhaupt nicht. Er war
sehr eigensinnig und kümmerte sich nicht um uns
Jüngere. Auch den Eltern bereitete er ständig

großen Ärger, wodurch das Familienleben sehr getrübt wurde. Die ganze Lebenssituation war für uns alle, aber besonders für mich, kaum zu ertragen. Die Zeit meiner Kindheit und Jugend war eine sehr traurige Zeit. Meine Seele war voller Narben, mit der Folge, dass ich unter einer Neurose litt, innerlich sehr zerrissen war, und dass mich sehr viele Ängste quälten. Ich war ständig krank. Das zog große Probleme in der Schule nach sich und daher ging ich letztendlich vorzeitig von der Schule ab. Ich hatte keine Zukunftsperspektive und war nicht fähig, Entscheidungen zu treffen, die etwas zum Positiven hätten verändern können.

Nur zufällig, durch eine gute Beziehung meines Vaters zu einem Schulfreund, wurde es mir ermöglicht, in einer ansässigen Firma eine Lehre als Dreher zu beginnen. Diese beendete ich dann auch. Ich hatte aber auch sehr schnell bemerkt, dass dieser Beruf nur eine Notlösung war, dass ich immer noch unglücklich war und mich umorientieren wollte und musste. Ich wollte nicht weiterhin jeden Tag einer Arbeit nachgehen, die mich nicht erfüllte.

Zu diesem Zeitpunkt traf ich dann erstmalig eine selbstbestimmte und eigenverantwortliche Entscheidung für mich, die in meinem Leben auch etwas veränderte. Ich orientierte mich anders und gab den erlernten Beruf für immer auf. Nachfolgend arbeitete ich in einigen Firmen im Verkauf, was mich befriedigte und wodurch ich etwas Abstand zu meiner unglücklichen Vergangenheit bekam.

Mit fünfundzwanzig Jahren begann ich dann, im Vertrieb einer großen Firma zu arbeiten. Auch dies war eine zukunftsweisende Entscheidung, weil sich sehr schnell abzeichnete, dass mein Leben dadurch eine Wende bekommen würde. Im Zuge der betriebsinternen Weiterbildung durfte ich über die Jahre immer wieder an verschiedensten Seminaren teilnehmen, die für mich auch eine große Lebenshilfe waren. Immer mehr lernte ich, mit dem Leben umzugehen, lernte Wege kennen, um ein entspanntes, zufriedenes und glückliches Leben zu führen.

Allmählich gelang es mir auch, Wichtiges von Unwichtigem zu unterscheiden. Die vielen offenen Fragen von früher, auf die ich keine Antworten gewusst hatte, konnte ich nun beantworten. Mir war klar geworden, dass allen meinen Fehlern und Schwächen, die ich für unveränderbar gehalten hatte, Entscheidungen vorausgegangen waren. Diese Entscheidungen musste ich also nur korrigieren, um auch meine Fehler und Schwächen abstellen zu können. Ich begann, mein Leben in einem neuen Licht zu sehen. Ich konnte meine Kindheit hinter mir lassen und mich neu erfinden. Dieser Spur folgte ich immer weiter und bis zum heutigen Tag verlief mein Leben ausschließlich sehr positiv.

Ich heiratete, bekam einen Sohn, ergriff einen kaufmännischen Beruf, der mir ein solides Einkommen sicherte. Es gab in den späteren Jahren keine Vorkommnisse, die mich noch aus der Bahn hätten werfen können. Ich war immer zufrieden und entspannt.

Ich bin fest davon überzeugt, dass ich mein zufriedenes Leben nur erreichen konnte, weil ich mich im Laufe der Jahre zu einem Realisten entwickelte, der sich nur an dem orientiert, was gegeben ist. Weitergebracht hat mich letztendlich nur die Orientierung an der Realität, in Verbindung mit der Fähigkeit, selbstbestimmte und eigenverantwortliche Entscheidungen zu treffen.

## Das Leben ist Ergebnis der eigenen Gedanken!

## Du bist, was du denkst!

Alle Menschen streben nach einem entspannten, zufriedenen und glücklichen Leben. So zu leben heißt, gesund leben, sowohl körperlich als auch geistig. Die Sehnsucht danach ist sehr groß. Doch Zufriedenheit und Glück kommen niemals von allein. Man muss sich darum bemühen. Allerdings tun viele Menschen zu wenig oder sogar nichts dafür, dieses Ziel zu erreichen, oder sie warten darauf, dass ihr Glück durch Glück herbeigeführt wird. Es fällt ihnen schwer, ihren ganz persönlichen Weg zu finden und ihn unbeirrt zu gehen. Der Mensch neigt dazu, sich das Leben schwer zu machen, und wählt gern einen umständlichen Weg, auch wenn es einen einfachen gibt. Warum nicht mit dem Brot das Messer schneiden statt umgekehrt? Nach diesem unsinnigen Prinzip leben viele, doch sich auf Umwege zu begeben, geht meistens schief. Das zeigt sich überall in der Realität.

Die Regale der Buchhandlungen quellen über von Ratgebern, wie der richtige Weg zu einem glücklichen Leben zu finden ist. Doch jeder weist in eine andere Richtung und die Wege sind zumeist verschlungen. Mit verheißungsvollen Titeln wie „Erkenne dich in den Spiegeln deines Lebens", „Echte Freiheit kommt von innen", „Die Entscheidung liegt bei dir" wird versucht, Leser zu erreichen.

Darüber hinaus wird in weiteren unendlich vielen Veröffentlichungen über das Glücklichsein und über Wege zum Glück geschrieben und berichtet. Die Thematik wird vom Hundertstel bis ins Tausendstel zerrissen. Es wird teilweise empfohlen, ein Glückstagebuch zu führen. Es gibt Institute für Glücksforschung und Glückswissenschaft. Seit Jahrzehnten wurden weltweit zwölftausend Studien durchgeführt, die das Glück zum Thema hatten. An unzähligen Diagrammen wird dargestellt und soll belegt werden, wie der Mensch zu einem glücklichen Leben finden könnte. Im Allgemeinen sind die Menschen trotzdem nicht glücklicher geworden. Im Grunde werden unendlich viele Umwege aufgezeigt, und das verwirrt die Suchenden.

## Ein Sprichwort sagt:

## Viele Wege führen nach Rom.

In der Realität gibt es nur einen optimalen Weg, der die Menschen zu einem entspannten, zufriedenen und glücklichen Leben hinführt. Das Problem vieler Menschen ist es, diesen Weg zu finden. Aber selbst wenn sie den Weg gefunden haben, fällt es den meisten schwer, ihn auch zu gehen. Den Weg nicht zu gehen, bedeutet häufig, ohne Plan und fremdgesteuert durchs Leben zu gehen. Sie irren im übertragenen Sinn umher, kommen vom Weg ab, fahren Umwege, fragen andere nach dem Weg, den die Befragten oftmals auch nicht kennen, auch wenn sie es nicht zugeben und lieber einen falschen Weg weisen. Am Ende haben sich die Suchenden total verfahren und enden nicht selten in einer Sackgasse.

Schlimmstenfalls haben die Menschen auch noch einen Frontalzusammenstoß mit entsprechenden Folgen.

Manchmal kommt man schneller ans Ziel, wenn man langsamer fährt.

## Fakt ist,
## dass es nur einen optimalen Weg gibt!

## DER WEG IST DAS ZIEL.

Ich habe diesen Weg gefunden und bin ihn gegangen, hin zu einem entspannten, zufriedenen und glücklichen Leben. Meine an der Realität orientierte Lebenseinstellung und die Fähigkeit, selbstbestimmte und eigenverantwortliche Entscheidungen zu treffen, praktiziere ich bis heute.

Stolz kann ich von mir behaupten, dass ich so vom Verlierer zum Gewinner wurde. Ich lebe in dem Gefühl, dass mich nichts mehr aus der Bahn werfen kann. Egal was passiert, ich habe immer die richtige Einstellung dazu.

Sollte doch einmal etwas schieflaufen, ist es falsch, andere dafür verantwortlich zu machen. Jeder sucht die Gründe gern bei anderen. Doch letztlich sind es die eigenen Entscheidungen, die aus einem Menschen machen, was er ist.

## Ein Sprichwort sagt:

Auch aus Steinen, die dir
in den Weg gelegt wurden,
kannst du etwas Schönes bauen.

Was der Mensch damit baut, hängt allein von seinen Entscheidungen ab. Baut ein gläubiger Mensch etwas aus seinen Steinen, entsteht ein Luftschloss. Ein realistisch denkender Mensch baut sich ein Haus mit festen Mauern.

Die Beschäftigung mit Glauben, Religion und Kirche hat bei mir von Kindheit an viele Fragen aufgeworfen, die mir nie beantwortet werden konnten. Vieles, was im Namen Gottes praktiziert wurde und wird, innerhalb und außerhalb der Kirche, hat mich verwundert und zum Teil auch entsetzt und ratlos gemacht. Über den Kindesmissbrauch durch Angehörige der Kirche und seine jahrzehntelange Vertuschung kann ich nicht einfach hinwegsehen.

Wohl wissend verharrt die Kirche weiterhin in Normalität. Die Augen schließen und nicht darüber sprechen, heißt Mitschuld tragen. Diese Tatsache hat mich bestärkt, Glauben und Religion kritisch zu hinterfragen. Damit werde ich nicht nur Zustimmung finden, dessen bin ich mir bewusst. Es wird Menschen geben, die meine Überlegungen nicht akzeptieren werden, weil sie so tief in ihrem Glauben verwurzelt sind, dass sie die Einwände nicht hören wollen oder gar nicht verstehen, worum es den kritischen Stimmen geht. Fanatismus und Glauben liegen allzu oft nah beieinander. Doch nicht nur diese Nachbarschaft hat mich darüber nachdenken lassen, ob der Glaube den Menschen tatsächlich hilft, ihr Leben zu gestalten und zu bewältigen, oder ob er sie nicht eher in eine Sackgasse führt. Insbesondere für unsere moderne Welt gilt es zu hinterfragen, ob die Religion mehr anzubieten hat als Rituale und Inhalte aus einer Zeit, die längst vergangen ist und mit der unseren nichts mehr gemein hat. Es ist trotzdem nicht mein Anliegen, gläubige Menschen zu kritisieren oder von ihrem Glauben abzubringen. Jeder Mensch soll die Freiheit haben, sein Leben zu leben. Gläubige Menschen neigen aber dazu, ihrem Glauben viel zu viel Raum zu geben. Die Dosis macht die Wirkung. Aus der Medizin ist bekannt, dass eine Überdosis nicht gesund ist oder auch tödlich enden kann. Auf gläubige Menschen übertragen bedeutet dies, dass sie sich im Extremfall ganz aufgeben und sich völlig dem Glauben hingeben, mit der Folge einer völligen Abkehr von der Realität. Das reale Leben wird schlichtweg nicht mehr wahrgenommen.

Zwar kann ein Glaube unter Umständen eine Medizin sein, doch die Wirkung ähnelt der eines Placebos. Es wirkt nur sehr eingeschränkt und kurzfristig, wie die Mediziner wissen. Wer wirklich eine ernste Krankheit hat, greift zu echten Medikamenten. Ebenso gilt es, die wichtigen Dinge im Leben nicht dem Glauben und der Hinwendung zu Gott zu überlassen, sondern Realismus walten zu lassen und notwendige Entscheidungen zu treffen.

Zufriedenheit und Glück, die man über den Glauben sucht, findet man am Ende nur in der Realität. Es macht keinen Sinn, im Glauben eine Zufriedenheit zu finden, wenn das reale Leben eine Baustelle ist. Im übertragenen Sinn: Erst wenn der Bau fertiggestellt ist, kann man in dem Gebäude glücklich sein. Das heißt auch, die Menschen müssen sich bewusst machen, dass sie nur dann, wenn sie fähig sind, selbstbestimmte Entscheidungen zu treffen, ihr Leben auf ein solides

Fundament zu stellen und sich an den realen Ge-
gebenheiten zu orientieren, ihr Leben entspannt,
zufrieden und glücklich führen können.

**Wenn ein Mensch in der realen Welt lebt,**

**dann lebt er seinen Traum,**

**und wenn ein Mensch gläubig ist,**

**verträumt er sein Leben!**

Es ist die reale Welt, die unser Leben bestimmt.
Was sonst sollte es sein? Was nicht real ist, ist
Fantasie. Dazwischen gibt es nichts!

Jeder kann glauben und denken, was er will,
aber glauben heißt nicht wissen, und das bringt
Irrtümer und falsche Entscheidungen mit sich.

Die reale Welt lenkt man mit Wissen und Entscheidungen. Die Fantasie lenkt man, indem man
glaubt. Menschen, die sich zu Gott hingewendet
haben und einen Glauben praktizieren, bewegen
sich jenseits der realen Welt in der Fantasie. Doch
wenn die Fantasie das Leben bestimmt, nimmt

man das reale Leben nicht oder nur verzerrt wahr. Die Folge ist, dass der Mensch in seiner Handlungsfähigkeit eingeschränkt, ja schlimmstenfalls handlungsunfähig wird.

DAS LEBEN IST REAL.
DAS REALE KANN MAN NICHT
WEGDENKEN.
DAS LEBEN KANN SICH NUR
AM REALEN ORIENTIEREN.

# „WAS IST – DAS IST."

Diese Aussage beschreibt das Leben.

In diesem unscheinbaren Satz steckt sehr viel mehr, als man beim ersten Lesen vermuten könnte. Wenn man diesen Ausspruch zu seinem Lebensmotto macht, ihn verinnerlicht und auf das eigene Leben anwendet, wird man vielen Dingen gegenüber eine ganz neue Einstellung bekommen. Das Leben wird aus einer ganz anderen, wirklichkeitsgerechten Perspektive gesehen und die Dinge des Lebens werden viel bewusster wahrgenommen.

## „WAS IST – DAS IST.“

## Das ist gemeint mit REALITÄT.

In jeder Situation, die nicht änderbar ist, gilt: Was gegeben ist, ist gegeben und muss als gegeben hingenommen werden.

Ein ganz alltägliches Beispiel verdeutlicht, was damit gemeint ist:

Die meisten Menschen setzen sich immer wieder mit dem Wetter auseinander. Es wird geschimpft und gemeckert, dass es zu kalt, zu warm, zu nass oder zu trocken ist, dass die Sonne nicht scheint oder zu sehr brennt. Doch wer hat schon einmal erlebt, dass sich das Wetter ändert, nur weil alle damit unzufrieden sind? Das Wetter ist, wie es ist, es lässt sich nicht ändern! Man muss es als gegeben hinnehmen.

## „WAS IST – DAS IST."

## Das Wetter ist REALITÄT.

Wenn man sich dies bewusst machen kann und es verinnerlicht, gewinnt man eine ganz andere Haltung zum Wetter. Statt mit ihm zu hadern, wird man sich darauf einstellen.

Ich persönlich lebe ohne Wetterbericht. Das Wetter ist für mich nicht mehr entscheidend. Für mich ist wichtig, dass ich mich auf das Wetter einstelle. Ich schaue morgens höchstens auf das

Thermometer und wage einen kurzen Blick aus dem Fenster, um zu sehen, welche Kleidung benötigt wird. Meine Zeit verbringe ich so, wie das Wetter es zulässt.

Nun zu einem weniger banalen Beispiel. Wenn man nach einem Urlaub nach Hause zurückkehrt und feststellt, dass das eigene Haus bis auf die Grundmauern niedergebrannt ist, wird man schockiert sein. Ein solches Unglück ist so gravierend, dass es fast jeden Menschen überfordert. Auch wenn jeder ein wenig anders darauf reagieren würde – die Reaktionen würden sich im Wesentlichen ähneln. Die Betroffenen würden die Hände über dem Kopf zusammenschlagen, bitterlich weinen, körperlich zusammenbrechen, wären fassungslos und nicht fähig, etwas zu unternehmen.

Diese Reaktionen würden das
Haus aber nicht wieder in
den alten Zustand versetzen.

Wie sehr man sich auch immer dagegen sträubt: Was passiert ist, lässt sich nicht rückgängig machen, so wie man das Wetter nicht ändern kann. Das Gegebene ist nicht änderbar und man muss es als gegeben hinnehmen.

## „WAS IST – DAS IST."

## Alles, was geschieht, ist REALITÄT.

Auch der Tod gehört zum Leben, doch von den wenigsten wird das akzeptiert, denn man möchte keinen nahestehenden Menschen verlieren. Man möchte den Schmerz und die Trauer, die mit dem Tod einhergehen, möglichst vermeiden. Es gibt Menschen, die nur für kurze Zeit trauern, und andere, die sehr lange brauchen, um einen solchen Verlust zu verarbeiten. Manche Menschen tragen ihre Trauer viele Jahre und in Ausnahmefällen ihr ganzes Leben in sich. So schwer es dem Menschen fällt, er muss auch den Tod als gegeben hinnehmen. Gelingt es, sich dies bewusst zu machen, bekommt man eine andere Einstellung zum Tod und wird seine Trauer besser bewältigen.

## „WAS IST – DAS IST."

## Auch der Tod ist REALITÄT!

Es darf nie nach hinten geschaut werden. Was einmal war, spielt keine Rolle mehr, und nur der Blick nach vorn ermöglicht einen gelassenen Umgang mit der jeweiligen Situation. Jeder entscheidet nur im eigenen Kopf, wie er mit einer Situation umgeht. Nur dann kann man dieser vielleicht neben dem Negativen auch etwas Positives abgewinnen.

# „WAS IST – DAS IST."

Die Grundhaltung, die in diesem Satz steckt, lässt sich auch auf jede andere Lebenssituation übertragen. Erklärt man sie zu seiner Lebensphilosophie, führt sie nicht nur zu Entspanntheit, Zufriedenheit und Glück, sondern man wird sein gesamtes Leben viel positiver erleben.

Weltweit haben die Menschen das unfassbare Unglück verfolgt, das im März 2011 über Japan hereinbrach. Es gab Tausende von Toten, und den Überlebenden nahmen das Erdbeben, der Tsunami und die Atomkatastrophe zum Teil alles. Ganze Orte und Städte fielen der Katastrophe zum Opfer. Es war zu befürchten, dass die Menschen an dem unermesslichen Leid zerbrächen, denn wer würde das nicht, wenn der Boden unter den Füßen verloren ginge und man ganz von vorn beginnen müsste.

Doch in Japan zerbrachen die Menschen nicht.

In den Medienberichten war deutlich zu sehen, dass die betroffenen Menschen zwar sehr bestürzt waren über das, was da passiert war, doch zugleich konnte man feststellen, dass sie fast ausnahmslos mit erhobenem Kopf und nach vorn schauend vor ihrem Schicksal standen. Kaum jemand schien fassungslos oder begehrte weinend oder schreiend auf.

Ich selbst konnte ein Jahr nach der Katastrophe im Zuge einer Japanreise im Katastrophengebiet um Sendai mit einigen Betroffenen sprechen. Diese Menschen hatten ausnahmslos eine positive Einstellung zu dem, was passiert war. Alle nahmen die Katastrophe als gegeben hin und schauten nur noch in die Zukunft.

Ihre Einstellung beeindruckte mich sehr. Ich konnte von diesen Menschen lernen und bin mit folgender Erkenntnis weggefahren:

Jedem Ende

wohnt auch ein Anfang inne!

Niemand, der nicht selbst eine vergleichbare Katastrophe erlebte, wird sich vorstellen können, welches Leid die Opfer zu bewältigen haben. Doch die Japaner haben sich – bewusst oder unbewusst – an der Realität orientiert: Was ist – das ist. Ausschließlich diese Einstellung ermöglicht es ihnen, trotz allem positiv in die Zukunft zu schauen.

Jeder Mensch hat den Wunsch, ein hohes Alter zu erreichen. Viele Lebensjahre bedeuten aber nicht gleichzeitig ein erfülltes Leben. Nicht die Jahre, die ein Mensch lebt, zählen, sondern ob er diesen Lebensjahren Inhalt gibt. Ist es ihm gelungen, wird jeder gern ein paar Jahre länger leben wollen. Ich hatte mich vor einiger Zeit entschieden, meinem Leben ein paar Jahre zusätzlich schenken zu wollen. Also versuchte ich, etwas gesünder zu leben, ich treibe etwas Sport, esse mäßig und gesund und versuche, immer eine positive Lebenseinstellung zu bewahren. Da ich durch meine realistische Einstellung zu einem erfüllten Leben gefunden habe und in der Lage bin, meinem Leben auch Inhalt zu geben, bin ich zuversichtlich, dass die zusätzlichen Jahre, die mir vielleicht geschenkt werden, auch sehr lebenswert sein werden.

Die meisten Menschen wünschen sich wie ich ein langes Leben, scheitern aber, weil sie ihrem Leben keinen Inhalt zu geben vermögen, besonders im höheren Alter. Sie verkennen, wie wichtig dies ist. Vielfach dümpeln sie vor sich hin und die Jahre gehen ins Land, bis das Leben dann vorbei ist. Sie leben im Stillstand, sie treten auf der Stelle. Sie haben das Gefühl verloren, dass das Leben Bewegung bedeutet und voranschreitet.

In meinem Bekanntenkreis gibt es dafür einige Beispiele. Alle wollen alt werden, haben aber eines gemeinsam: Sie sitzen tatenlos zu Hause, bemitleiden sich und sind entscheidungsunfähig. Viele flüchten dann in die Religion. Ein Bekannter sagte mir, dass er in seiner Einsamkeit schon einmal eine Kirche aufgesucht habe.

Und er ist mit dieser hilflosen Reaktion nicht allein. Doch ein Ausweg aus Einsamkeit und Passivität ist auch in höherem Alter nur möglich, wenn der Mensch realitätsorientierte Entscheidungen trifft und somit sein Schicksal in die eigene Hand nimmt.

Habe keine Angst zu sterben,

habe aber große Angst davor,

auf dem Weg dahin

das Leben zu versäumen!

# Ist die Welt, in der wir leben, lebenswert?

Im Allgemeinen träumen die Menschen von einer besseren Welt. Berechtigterweise wird dieser Wunsch immer wieder geäußert. Doch nichts entwickelt sich zum Besseren, denn jeder lebt seinen Alltag weiter wie bisher und begnügt sich mit der Hoffnung. Der Mensch lebt von der Hoffnung, aber Hoffnung allein verändert nichts. Ein Traum bleibt am Ende immer ein Traum! Eine bessere Welt wird es nur geben, wenn jeder Einzelne etwas zu verändern beginnt, und zwar genau in dem Moment, wo der Wunsch nach einer besseren Welt in ihm aufkeimt. Die Menschheit, das ist jeder einzelne Mensch, und jeder muss bei sich selbst beginnen, die Welt zum Besseren zu wenden. Alle Menschen zusammen könnten so für eine bessere Welt sorgen und jeder Einzelne für sein persönliches Glück.

## Die Entscheidung für eine bessere Welt liegt nur bei dir!

Das Zusammenleben der Menschen ist vielfach nicht harmonisch und von geringer Wertschätzung geprägt. Eine wesentliche Ursache dafür ist, dass der Mensch seinen Mitmenschen zumeist nicht als Mitmensch begegnet.

Er hat die Hürde, andere Menschen so zu akzeptieren, wie sie sind, noch nicht übersprungen. Mangelnde Akzeptanz verhindert Solidarität und begünstigt Disharmonie, Ablehnung, ja Hass – zum Beispiel gegenüber Menschen anderer Ethnien, mit anderen Religionen oder Lebensstilen.

## Die REALITÄT
## wird dann außer Acht gelassen!

Der Mensch neigt sehr stark dazu, alles immer so haben zu wollen, wie er es aus seinem Blickwinkel gern hätte. Sehr deutlich zeigt er dieses Verhalten in einer Partnerschaft. Der Partner wird selten so gesehen, wie er wirklich ist. Man blickt durch die eigene Brille, die Realität wird weitgehend außer Acht gelassen, jeder versucht, den anderen so zu formen, wie er ihn gern hätte. So entsteht zwangsläufig Disharmonie. Nur wenn die Partner sich gegenseitig so annehmen, wie sie tatsächlich sind, können sich harmonische Beziehungen entwickeln. In der Mehrzahl der Beziehungen herrschen jedoch Spannungen und Disharmonien. „Kannst du nicht aufhören zu rauchen? Ich möchte nicht, dass du Alkohol trinkst. Warum musst du immer so unordentlich sein? Sei doch nicht immer so geizig. Schneide dir doch die Haare kurz, das finde ich schöner. Trage doch nicht immer Pullover, im Sakko siehst du viel besser aus. Warum kochst du nicht? Du kannst doch auch einmal einen Kochkurs besuchen…..

Solche Beziehungen haben nichts mehr mit Harmonie zu tun und ein Scheitern ist sehr oft die Folge.

Es ist allgemein bekannt, dass nicht wenige Menschen aufblühen, wenn der Partner gestorben ist. Dies liegt meistens in diesem Umstand begründet.

Die wichtigste Entscheidung in
einer Beziehung ist, seinen Partner
realistisch zu sehen und ihn so zu
akzeptieren, wie er ist!

Wer diese Vorgabe umsetzt, wird auch langfristig eine harmonische Beziehung führen und glücklich sein.

Es gibt viele Menschen, die nur in der Zukunft leben. Sie nehmen den Augenblick nicht wahr, sondern planen unablässig und verlagern alle Höhepunkte ihres Lebens auf einen späteren Zeitpunkt. Sie leben, bildlich gesprochen, neben der Spur: „Wenn ich endlich mein Studium abgeschlossen habe, gehe ich auf Weltreise. Wenn ich endlich mein Geschäft aufgebaut habe, werde ich mir ein eigenes Segelboot bauen und viel unterwegs sein. Wenn mein Kind endlich aus dem Haus ist, werde ich mit meiner Frau nach Bora Bora fliegen. Wenn ich endlich Rentner bin, werde ich viel Zeit haben und alles nachholen, was ich im Leben versäumt habe."

Diese und ähnliche Aussagen hört man immer wieder. Die Menschen schieben ihre Wünsche vor sich her, träumen davon, planen aber am Leben vorbei. Was in fünf, zehn oder dreißig Jahren ist, kann niemand wissen. Die heutige Zeit ist besonders schnelllebig, daher ist es eigentlich umso wichtiger, jeden Tag so zu leben, als wäre es der letzte. Mit der Einstellung „Was ich heute nicht mache, hole ich morgen nach" betrügt der Mensch sich selbst. Niemand würde heute nichts essen, um es am nächsten Tag nachzuholen. Man macht es nicht, weil man Hunger verspürt. Die Wünsche im Leben aber finden im Kopf statt und haben keine Triebfeder wie zum Beispiel den Hunger. Was hält diese Menschen davon ab, den Moment trotzdem zu leben und sich Ihre Wünsche sofort zu erfüllen? Sie orientieren sich nicht an der Realität, sondern träumen ihr Leben. So ergeht es auch den Menschen, die sich Gott zugewandt haben, wenn auch auf einer anderen Ebene.

Auch im Glauben wird die Realität außer Acht gelassen und man träumt sein Leben.


Der Moment ist Realität
und Realität ist das Leben.
Die Zukunft ist nur ein Gedanke.

Wenn der Moment nicht realisiert wird, weil man gedanklich schon in der Zukunft ist, dann läuft der Mensch ins Leere. Man kann das Leben nur intensiv genießen, wenn man den Moment realisiert.

Es gibt ein wunderbar anschauliches Beispiel für diesen Satz. Ich nenne die handelnden Personen einmal Paul und Paula.

Paul und Paula machen eine Reise nach Amerika. In New York besuchen sie unter anderem die Freiheitsstatue. Am nächsten Tag soll die Reise weitergehen nach San Francisco. Beide stehen auf der Aussichtsplattform der Freiheitsstatue und genießen die atemberaubende Aussicht auf die Skyline von Manhattan. Paul macht vor Begeisterung Luftsprünge, kann sich gar nicht beruhigen, der Akku der Kamera ist schon fast leer fotografiert. Paula steht mit nachdenklicher Miene neben ihm und fragt ganz interessiert, um welche Uhrzeit am nächsten Tag der Flieger nach San Francisco geht. Voller Begeisterung schiebt sie hinterher, dass sie sich sehr freue, morgen die Golden Gate Bridge zu sehen. Als letzten Satz fügt sie hinzu, dass sie ja in drei Tagen leider schon wieder nach Hause fliegen müssen und sie das sehr schade finde, weil Amerika so schön sei und sie am liebsten noch bleibe.

Eigentlich ein tragischer Moment für Paula! Paul hat den Augenblick realisiert, Paula dagegen hält sich mit ihren Gedanken in der Zukunft auf und verpasst den grandiosen Moment, den ihr das Leben gerade schenkt.

Das Leben ist praktisch
an ihr vorbeigegangen.

Der Mensch ist ein Wesen, das die Gesellschaft und den Beistand der anderen Menschen braucht. Nur dann kann er der sein, der er sein möchte. Allein auf sich gestellt, hat er es immer schwer im Leben. Jeder kennt den Satz „Nur im Team sind wir stark", und dieser Satz hat auch seine Berechtigung.

Wenn man eine Säule baut und dafür Stein auf Stein setzt, ist jeder Stein auf den anderen angewiesen, sonst entsteht keine Säule. Wenn auch nur ein Stein fehlt, ist die Säule unvollständig und bricht sogar in sich zusammen. So verhält es sich auch mit den Menschen. Letztlich ist jeder Mensch auch auf andere Menschen angewiesen, wobei ihre Unterschiedlichkeit und ihre vielfältigen Talente und Fähigkeiten dafür sorgen, dass sie sich gegenseitig befruchten und somit weiterentwickeln. In der Realität ist das auch ein Weg, um seine Zufriedenheit und Wertigkeit im Leben zu erreichen.

Das Leben ähnelt auch einem Spiel. Es gibt Regeln, taktisches Vorgehen, Mitspieler, Zuschauer und Ergebnisse. Und nicht nur im Spiel, sondern auch im Leben ist man im Team stärker. Wir erreichen unsere Ziele, wenn uns Familie, Arbeitskollegen und Freunde zur Seite stehen. Doch die Taktik hat die größte Bedeutung, im Spiel wie auch im Leben. Mit einer guten Taktik erzielt man meistens auch ein gutes Ergebnis. Realistische Einschätzungen und selbstbestimmte Entscheidungen sind die beste Taktik. Wenn man unfähig ist, die richtige Taktik einzusetzen, kann es sein, dass man ausgewechselt wird und nicht mehr mitspielen darf. Man verliert vielleicht die Anerkennung, wird arbeitslos, verarmt und vereinsamt, versinkt in Depressionen. Diese Menschen suchen sehr oft Zuflucht in der Hinwendung zu Gott. Aber man muss sich ernsthaft fragen, was sich Menschen, die im Leben gescheitert sind, von Gott erhoffen. Es mag sein, dass sich ihre Seele beruhigt und sie sich getröstet fühlen. Doch es ist, wie wenn man bei Kopfschmerzen eine Aspirintablette einnimmt: Die Schmerzen kehren nach vier Stunden zurück. Langfristig können diese Menschen nur ins Leben zurückfinden, wenn sie ihre Situation realistisch einschätzen, eine neue Taktik anwenden und hoffen, dass sie in der nächsten Spielrunde wieder aufgestellt werden, um dann ein besseres Ergebnis zu erzielen.

Fast alle Menschen neigen zu Vorurteilen. Dadurch machen sie sich ein völlig falsches Bild von einer Sache oder von Personen und erschweren sich das Leben unnötigerweise. Solche Fehleinschätzungen kosten viel Energie und Kraft. Das Leben ist im Grunde einfach, wenn man es sich nicht durch Vorurteile und falsche Entscheidungen erschwert. Doch der Mensch neigt dazu, den schweren Weg zu wählen, statt den leichten zu gehen. Was einem auch immer im Leben begegnet, ob bekannt oder unbekannt, sofort wird bewertet, sofort hat man eine Meinung dazu.

Dabei handelt es sich sehr oft nur um Vermutungen, aber sie werden als real eingestuft. Jeder kennt das: Man lernt jemanden kennen, fixiert die Person kurz und fällt sein Urteil – oftmals ein negatives Urteil. Man trägt es von nun an mit sich herum und verbreitet es sogar. Kennt man diesen Menschen, stellt sich vielleicht heraus, dass der erste Eindruck getäuscht hat, dass man im positiven Sinne eine ganz andere Person vor sich hat als anfangs angenommen.

Ich selbst erlebte, wie jemand, den ich nur oberflächlich kannte und über den ich eine sehr negative Meinung hatte, einer meiner besten Freunde wurde. Erst als wir persönlichen Kontakt hatten und uns bei einer Flasche Wein intensiver kennenlernten, lernten wir uns schätzen. Für mich war das eine beeindruckende Erfahrung, die mich im weiteren Leben sehr prägte.

Weniger bewerten heißt,
leichter und angenehmer leben.

Stellen Sie sich folgende Situation vor: Sie fahren mit Ihrem Auto auf einer langen, schnurgeraden Einbahnstraße, einer 30er-Zone. Sie fahren vorschriftsmäßig, wobei Sie bemerken, dass Ihnen mit quietschenden Reifen und überhöhter Geschwindigkeit ein anderes Auto entgegenkommt. Sie sind erschrocken und völlig außer sich. Ihre Gedanken überschlagen sich: „Der ist ja völlig betrunken, oh je, ein flüchtiger Bankräuber, dieser Irre, wie spielt der sich auf, dem sollte man den Führerschein wegnehmen, das ist ja lebensgefährlich ...“ Derlei Gedanken würden jedem durch den Kopf gehen. Niemand käme auf die Idee, dass die Situation völlig anders sein könnte, dass der Fahrer vielleicht ein Vater ist, dessen Sohn sich in Lebensgefahr befindet, weil er sich an einem Bonbon verschluckt hat, und dass am Ende der Straße das rettende Krankenhaus steht, das der Vater in seiner Panik so schnell wie möglich erreichen will.

Nur weil man die Situation sofort beurteilt, verstellt man sich den Blick für das, was tatsächlich gegeben ist. Zumeist ist es zwar im ersten Moment nicht möglich, die Situation realistisch einzuschätzen, aber man sollte nicht gleich verurteilen, sondern in Erwägung ziehen, dass es vielleicht gute Gründe für das Verhalten des Rasers gibt.

Nicht alles, was auf den
ersten Blick schlecht scheint,
ist auch wirklich schlecht!

Jeder Mensch hat eine ausgeprägte Meinung von sich selbst. Viele sind selbstverliebt und halten sich für die Größten und Besten, sie haben ein ausgeprägtes Selbstwertgefühl und finden sich völlig in Ordnung. Die anderen sind ebenfalls weitgehend mit sich zufrieden und sehen sich positiv. Bis auf wenige Ausnahmen gibt es keine Menschen, die sich negativ einschätzen. Wenn man jemanden auffordert, eine Selbsteinschätzung abzugeben, also wie er selbst sich sieht und wie er glaubt, dass ihn die Mitmenschen sehen, dann wird er größtenteils, häufig auch ausnahmslos, nur Positives notieren. Jeder denkt das Beste von sich!

## Die meisten Menschen neigen zur Selbstüberschätzung.

Sie glauben das nicht? Machen Sie zusammen mit ein paar Mitstreitern den Test. Ich erkläre, wie er vonstattengeht:

Sie sitzen mit den Teilnehmern zusammen, am besten nicht mit Familienmitgliedern oder mit guten Freunden. Die Gefahr, dass Sie Ihre Freunde nach dem Test verloren haben, ist zu groß. Alle in der Runde sollten sich aber gut kennen. Eine Person wird ausgewählt und beginnt. Sie notiert, wie sie sich selbst beurteilt und wie sie sich von außen gesehen glaubt. Die anderen notieren ihrerseits, wie sie die ausgewählte Person einschätzen. Die Zettel werden anonym eingesammelt und an die Pinnwand geheftet, daneben die Selbsteinschätzung der beurteilten Person.

Nun können die Ergebnisse verglichen werden. Glauben Sie, dass sich auch nur annähernd eine Übereinstimmung ergibt? Es ist nicht auszuschließen, aber in den meisten Fällen ist die Abweichung so groß, wie man es nicht für möglich halten würde. Jeder Mitspieler sollte sich auf das Schlimmste gefasst machen.

Ich nahm vor einigen Jahren während eines Weiterbildungsseminars an einem solchen Test teil. Acht Arbeitskollegen saßen zusammen, mit denen ich mich gut zu verstehen glaubte. Man respektierte sich gegenseitig und nach außen hin zeigte jeder eine heile Welt. Doch das unerwartete Ergebnis des Tests sorgte ausnahmslos für entsetzte Gesichter und keiner konnte die Ergebnisse begreifen. Ein Kollege legte sein Gesicht in die Hände und weinte. Ein anderer war derart entsetzt und gekränkt, dass er es nicht mehr in der Runde aushielt und den Raum verließ. Alle anderen waren ebenfalls mehr oder weniger bestürzt und sehr nachdenklich.

## Was aber die Teilnehmer am Flipchart sahen, war nichts als die REALITÄT!

Da wir soziale Wesen sind und im Leben auf unsere Mitmenschen, auf Freunde, Nachbarn, Arbeitskollegen angewiesen sind, ist es wichtig, dass

Selbst- und Fremdeinschätzung nicht allzu weit auseinanderliegen. Sonst wird dies im Verlauf des Lebens zu Schwierigkeiten führen und wir werden, im übertragenen Sinne, gegen die Wand laufen. Selbstüberschätzung ist tatsächlich für viele ein großes Problem. Sie übernehmen beispielsweise Aufgaben, denen sie nicht gewachsen sind, und stellen über kurz oder lang fest, dass sie die Verantwortung nicht tragen und die Ansprüche nicht erfüllen können. Dann stehen sie als Verlierer da und bleiben unglücklich, unzufrieden, unsicher, ängstlich und mutlos auf der Strecke. Als hätten sie, bildlich gesprochen, einen Berg besteigen wollen, den zu bezwingen sie sich zugetraut hatten, aber auf dem Weg zum Gipfel feststellen müssen, dass der Aufstieg doch zu schwer war, sodass sie gezwungen waren, umzukehren. Will man aber unbedingt einen Berg besteigen, ja, ist man davon besessen, muss man sich einen Berg aussuchen, der den eigenen Kräften entspricht, vielleicht einen weniger hohen und mit weniger anspruchsvollem Gelände. Das fällt natürlich schwer und kratzt am Selbstbewusstsein. Selbstzweifel kommen auf und man ist verunsichert und unglücklich. In der Realität des Lebens ist das nicht anders! Die eigenen Grenzen nicht wahrhaben zu wollen, ist vielfach der Grund, dass zu viele Menschen vergeblich nach Entspanntheit, Zufriedenheit und einem glücklichen Leben suchen. Sie wollen alles, bekommen aber wenig oder gar nichts! Jeder muss seine Fähigkeiten und Möglichkeiten realistisch und selbstkritisch einschätzen und dann nur tun, wozu er tatsächlich fähig ist. Wachsen kann man nur an den Dingen, für die man sich bewusst entschieden hat. Voraussetzung dafür ist, dass man auch in der Lage ist, sich einzuschränken. Wer sich Grenzen zu setzen vermag, der ist auf dem besten Wege, sein Ziel zu erreichen.

Der Mensch ist immer wieder mit sich und der Welt unzufrieden. Viele seiner Anstrengungen sind darauf ausgerichtet, das zu ändern. Er ist rastlos und getrieben. Doch wie sehr er sich auch bemüht, er wird sein Ziel nie erreichen, denn es gibt kein Ziel, das ihm genügt. Selbst wenn er ein Ziel erreicht hat, wird er sich sofort ein neues suchen. So wird er mit dem Erreichten nie zufrieden sein. Ob er dem Glück, dem Geld oder der Liebe hinterherläuft, es ist, als liefe er immer im Kreis.

## Der Mensch läuft und läuft und läuft …

Das gilt auch für die Liebe zu einem Lebenspartner. Egal wie groß die Verliebtheit ist, der Mensch sucht danach, die Liebe zu steigern, und will immer höher hinaus. Jeder kennt das: Man ist anfänglich verliebt bis über beide Ohren und die Liebe scheint unendlich zu sein. Früher oder später bekommen jedoch die Partner dann oftmals das Gefühl, sich in einer Sackgasse zu befinden, und suchen nach neuen Höhen, beispielsweise in der Sexualität. Die Fantasie ist diesbezüglich grenzenlos, fast jeder schaut dann schon mal nach links oder rechts, was da noch so sein könnte, was ihn noch glücklicher machen könnte. Einige schauen nur, andere nehmen die Gelegenheiten, die sich ihnen bieten, auch wahr. Die hohe Trennungsrate bei Paaren bestätigt, dass das so ist. Vorsicht! Heiraten macht nicht unbedingt glücklich! Ein schlauer Mann hat einmal gesagt:

Wenn du eine Frau mit

blonden Haaren hast,

willst du eine mit

schwarzen Haaren haben,

und wenn du eine mit

schwarzen Haaren hast,

dann willst du eine mit

blonden Haaren haben.

Der Mann hatte recht! Doch das gilt nicht nur für die Männer. Jeder strebt über das hinaus, was er hat. Auch in der Partnerschaft können sich die Menschen oft keine Grenzen auferlegen, schaffen es nicht, sich innerlich zu einem Partner zu bekennen. Auch wenn sie dies wollen und sogar in fester Partnerschaft leben, sind sie im Herzen zerrissen und nicht in der Lage, langfristig die Liebe zu bewahren, weil diese ihnen nicht genügt. Die Folge ist, dass der Partner damit nicht umgehen kann, sich abwendet und die Beziehung in die Brüche geht. Würde man seine Situation in der Partnerschaft realistisch einschätzen und sich ausdrücklich und verbindlich für einen Partner entscheiden, wäre man befreit von der inneren Zerrissenheit und würde viel glücklicher leben.

Meistens ist man viel glücklicher, wenn man mit dem zufrieden ist, was man hat, als wenn man den umgekehrten Weg der Zerrissenheit geht!

Immer wieder begegnen mir Menschen, in deren Gesichtern große Anspannung geschrieben steht. Mit großer Ernsthaftigkeit hetzen sie durch das Leben, obwohl sie letztlich gar nicht wissen, wohin sie wollen. Die Gier ist groß, alles haben und alles erreichen zu wollen, und sie streben auch nach Dingen, die niemals zu erreichen sind. Die Mitte wäre das richtige Maß. Zu wenig oder zu viel schadet den Menschen. Man sollte sich an dem erfreuen, was man hat, und sich für Ziele ent- scheiden, die man, realistisch betrachtet, auch erreichen kann, statt dem hinterherzulaufen, was unerreichbar ist und letztendlich unglücklich macht. Die Menschen setzen sich keine Grenzen, selektieren nicht und konzentrieren sich nicht auf die wichtigen Dinge. Sie verzetteln sich, beginnen vieles, ohne es zu Ende zu führen, statt sich auf weniges zu beschränken und dies gut zu erledigen. Doch es geht nicht darum, der Perfektion das Wort zu reden. Jeder Mensch erwartet Perfektion von sich, aber diese gibt es nur selten. Das zu beherzigen, trägt auch sehr zu einem entspannten und zufriedenen Leben bei. Vielen Menschen ist die Leichtigkeit des Lebens verloren gegangen. Sie sehen sehr lustlos, traurig, verbittert und oftmals sehr ängstlich aus. Depressionen, Drogenabhängigkeit und stressbedingte Krankheiten sind im Vormarsch. Fröhliche und lebensbejahende Gesichter sieht man auffällig selten. Hinfallen ist nicht schlimm. Schlimm ist, liegen zu bleiben und nicht wieder aufzustehen!

Die Probleme unserer Zeit tragen ihren Teil dazu bei. Wir leben in Zeiten sehr großer wirtschaftlicher, politischer und auch gesellschaftlicher Veränderungen. Die Welt ist globalisiert, vernetzt und unübersichtlich geworden. Die Ansprüche der Berufswelt sind auf allen Ebenen gestiegen und die Arbeitslosenzahlen beängstigend hoch.

## Schauen die Menschen voller Angst in die Zukunft?

Angst entsteht auch durch Hilflosigkeit, und wenn die Menschen nicht weiterwissen, bekommen sie das Gefühl, in einer Sackgasse gelandet zu sein. Viele sind sich der enormen Veränderungen noch gar nicht richtig bewusst. Die anderen wissen nicht, wie sie darauf reagieren sollen, fühlen sich zu einer realistischen Einschätzung der Zukunft nicht fähig und sehen sich demnach auch nicht in der Lage, sich für einen Weg zu entscheiden, der sie ohne Angst in die Zukunft schauen lässt. Doch Ohnmacht hilft nicht weiter. Jeder Mensch hat jederzeit die Freiheit, alles aufzugeben, um etwas Neues zu beginnen und auf neuen Wegen die Welt aus einem anderen Blickwinkel zu betrachten, statt auf ausgetrampelten Pfaden unglücklich zu werden. „Soll ich mir nicht besser einen anderen Job suchen, bevor meine Firma pleitegeht? Soll ich es wagen, mein Hobby zum Beruf zu machen?" Fast alle Menschen, die vor einer wichtigen Entscheidung stehen, behaupten, es sei nicht möglich, einen radikal neuen Weg einzuschlagen. Sie hätten zu viele Verpflichtungen, wären zu alt, diese oder ähnliche Einwände sind zu hören. Fast immer handelt es sich dabei aber um Ausreden, weil sie es letztendlich nicht wollen! Aus Angst vor der Veränderung, aus Bequemlichkeit und Trägheit.

## Wenn man einen Stein hochheben will, muss man sich bücken!

Jeder Autofahrer weiß: Wenn er mit seinem Wagen unterwegs ist und feststellt, dass er sich verfahren hat, genügt ein Blick in die Karte, um seinen Weg zu korrigieren und sein Ziel zu erreichen.

Wenn wir aber im Alltagsleben feststellen, dass wir uns verfahren haben, uns also allerlei Ungereimtheiten unzufrieden machen, sind die wenigsten Menschen in der Lage, sofortige Entscheidungen zu treffen, um ans Ziel zu kommen.

Doch man ist nicht frei, wenn man eine Last zu tragen hat, und viele Probleme erledigen sich durch eine mutige Entscheidung. Nur der Mensch, der sich von seinen Problemen und Lasten befreit hat, innerliche Ruhe gefunden hat und mit sich im Einklang ist, nur der wird seinem Leben eine Wende geben können.

Das grundsätzliche Problem ist nicht, dass man ein oder mehrere Probleme hat. Das Problem ist, damit richtig umzugehen. Zuerst ist es wichtig, sich die Probleme bewusst zu machen, auch wenn die meisten Menschen sehr träge sind und das vermeiden. Doch das Ignorieren, Beiseiteschieben oder Vorsichherschieben von Problemen ist das, was die Menschen unglücklich macht, genauso wie die Halbherzigkeit beim Versuch, sie zu lösen. Die Probleme häufen sich und das Unglück nimmt seinen Lauf. Wer die Lösung seiner Probleme anpackt und die notwendigen Entscheidungen selbstverantwortlich trifft, der wird seine Probleme auch lösen. Niemand anders kann das tun, auch wenn viele gerade darauf warten.

Schaut man in den Spiegel, sieht man den einzigen Menschen, der dafür verantwortlich ist, und nur dieser Mensch ist es.

# Lebe jeden Tag,
# als wenn es der letzte wäre!

## CARPE DIEM – NUTZE DEN TAG!

Ich bin ein Mensch, der keine Probleme hat. Das heißt nicht, dass ich grundsätzlich keine Probleme habe. Mir ist nur bewusst geworden, dass man im Leben Entscheidungen treffen muss und seine Probleme nicht vor sich herschieben darf. Doch diese Einsicht ist erst gewachsen. Auch in meinem Leben gab es eine Zeit, in der sich allerlei Probleme angehäuft hatten, und ich war sehr unglücklich. Mir wurde bewusst, dass ich etwas unternehmen musste, und ich entschloss mich, ganz realistisch an die Sache heranzugehen. Ich zog mich zurück und notierte alles, was mich belastete, auf einen Zettel. Es waren sieben Probleme. Mir wurde bewusst, dass ich sieben Entscheidungen zu treffen hatte, um mein Gleichgewicht wiederzufinden. Entschlossen begann ich, mich mit jedem einzelnen Problem auseinanderzusetzen. Am Ende waren alle sieben Entscheidungen gefällt und mein Gleichgewicht war wiederhergestellt. Lasten abzuwerfen ist eine unglaubliche Befreiung. Eine große Zufriedenheit stellt sich ein und man geht wieder mit Leichtigkeit durchs Leben.

Grundsätzlich kann man jedes Problem lösen, wenn man gewillt ist, wirklich etwas zu verändern, und in der Lage ist, selbstbestimmte Entscheidungen zu treffen. Mein Trainer sagte früher immer zu mir, man erkenne den Sieger schon am Start, den Verlierer aber auch. Er brachte mir bei, entschlossen, siegessicher und unschlagbar an den Start zu gehen. Menschen, die unfähig sind, Entscheidungen zu treffen, halten sich nicht für entschlossen, siegessicher und unschlagbar, und das gilt für die Mehrheit der Menschen. Bei den Verlierern sind die Probleme vorprogrammiert. Unglücklichsein, Ängste bis hin zu Depressionen sind das Resultat.

Auch Beziehungsprobleme können vielfach nicht

gelöst werden, weil Entscheidungen ausbleiben. Es spielt keine Rolle, ob die Partner verheiratet sind oder nicht. Eine Beziehung unterliegt immer einer gewissen Abnutzung.

Nach einer gewissen Zeit verändert sich das Zusammensein, zumeist entwickelt es sich negativ. In vielen Beziehungen leben die Partner über Jahre und Jahrzehnte zusammen, haben sich aber nichts mehr zu sagen und verstehen sich längst nicht mehr. Trotzdem bleiben sie zusammen und leben nebeneinander her. Solche Ehen sind beileibe keine Ausnahmen, sondern häufiger, als man sich vorstellen kann. Die Partner tragen zwangsläufig ihr Leid auch nach außen und haben deshalb grundsätzlich wenig Freude am Leben. Auch in Beziehungen, in denen Gewalt, Alkoholmissbrauch oder Untreue vorherrschen, sind die Beteiligten nicht fähig, ihre Lage realistisch einzuschätzen und die notwendigen selbstbestimmten Entscheidungen zu fällen, die ihr Leben in vernünftige Bahnen lenken könnten.

Das ganze Leben besteht aus einer Aneinander-reihung von Entscheidungen. Allem, was der Mensch tut, geht eine Entscheidung voraus, und die Entscheidungen bestimmen den Weg. Wichtig ist, dass die Entscheidungen realitätsorientiert und selbstbestimmt sind. Man darf nicht andere über sein Leben entscheiden lassen, sonst verliert man seine Selbstständigkeit.

Der Zustand jedes Einzelnen resultiert aus der Fähigkeit oder Unfähigkeit, realitätsorientierte und selbstbestimmte Entscheidungen zu treffen!

Es gibt weniger gewichtige Entscheidungen und es gibt folgenschwere Entscheidungen. Man muss sich dessen bewusst sein, dass auch eine einzige Entscheidung das Leben grundlegend verändern kann. Wenn ein Mensch Drogen zu sich nimmt, die abhängig machen, dann hat er eine Entschei-dung getroffen, die sein Leben grundlegend verändert. Solche Entscheidungen mit weitreichenden negativen Folgen treffen die Menschen, weil sie im Moment der Entscheidung die Realität außer Acht lassen. Ihnen ist wohl bewusst, dass die Einnahme einer solchen Droge Folgen haben kann, aber zunächst wollen sie die verheißenden Hochgefühle erleben. Die Realität wird verdrängt. Die Realität ist aber, dass Abhängigkeit, Verarmung, Kriminalisierung und Entfremdung drohen und letzten Endes diese eine Entscheidung zum Tod führen kann. Hätten diese Menschen realitätsorientiert gehandelt, hätten sie anders entschieden. Doch nicht nur Fehlentscheidungen können Menschen unglücklich machen, sondern auch Entscheidungen, die nicht gefällt werden, obwohl sie dringend anstehen.

Ein alltägliches Beispiel soll veranschaulichen, wie starr, unbeweglich, hilflos und realitätsfremd Menschen stattdessen agieren.

Nachbarschaftsstreitereien sind sehr verbreitet. Familien wohnen nebeneinander, verstehen sich aus verschiedenen Gründen nicht, zerstreiten sich und finden auch nicht wieder zueinander. Diese Konflikte dauern nicht nur eine Woche oder einen Monat, sondern ziehen sich über Jahre und nicht selten über Jahrzehnte hin. Teilweise wird so heftig gestritten, dass Beteiligte daran erkranken und ihre Gesundheit, in Einzelfällen auch ihr Leben, aufs Spiel setzen.

## Ärger kostet Kraft!
## Ärger gibt niemals Kraft!

Alle diese Menschen verstehen sich als Opfer ihrer Umstände. Sie verharren in der Opferrolle und finden sich mit ihrer Situation ab. Alle ihre Gedanken und Gefühle kreisen um das Ärgernis. Sie haben praktisch ihr Leben aufgegeben. Dabei wäre nur eine einzige Entscheidung zu fällen, um das Problem von heute auf morgen zu lösen: Sich ein anderes Zuhause zu suchen und umzuziehen. So einfach kann es sein, wieder ins Leben zurückzufinden.

Meistens gibt es nur ein Problem,
das einer einzigen Entscheidung bedarf!
Nur eine einzige Entscheidung
kann das Leben verändern!

Lauscht man Gesprächen, fällt auf, wie oft die Menschen sagen:

## Ich könnte, sollte, wollte und müsste ...

Wer den Konjunktiv verwendet, hat sich nicht entschieden, etwas zu tun. Wer eine Entscheidung getroffen hat, spricht im Indikativ:

## Ich kann, soll, will und muss ...

Im Indikativ drückt man seine Entschlossenheit und seinen Willen, etwas zu erreichen oder etwas zu ändern, aus. Erfolgreiche Menschen und diejenigen, die etwas verändern wollen, sprechen überwiegend im Indikativ.

Die Menschen suchen seit jeher nach dem Sinn des Lebens. Eine rastlose Suche ohne Erfolg, denn bisher konnte niemand sagen, was der Sinn des Lebens ist. Die Frage nach dem Sinn des Lebens stellt ein Mensch auch nur dann, wenn er verpasst hat, zu leben, und unzufrieden und unglücklich ist. Ein zufriedener und glücklicher Mensch fragt nicht nach dem Sinn des Lebens, denn er hat ihn gefunden. Wenn man aber in der Situation ist, dass man danach fragt, was könnte dann der Sinn des Lebens sein?

# GLÜCK?

Philosophen sagen,
Glück ist Ausdruck
erfüllten und
sinnvollen Lebens.

Aus meiner Sicht gibt es keinen hochwertigeren Sinn des Lebens, als glücklich zu sein! Alle Menschen streben danach, und bei näherem Hinsehen dient alles, was der Mensch tut, diesem Zweck: sein Familienleben, das Zusammensein mit Freunden und Bekannten, seine Arbeit und seine Hobbys.

Alles, was der Mensch tut,

dient dem Bestreben,

glücklich zu sein.

Jedermann spricht über das Glück oder darüber, glücklich zu sein. Niemand aber definiert es und somit wissen die meisten Menschen auch nicht, worüber sie eigentlich sprechen. Wenn man im Lotto gewonnen hat, dann hat man Glück gehabt. Die meisten Menschen meinen mit Glück aber, ein glückliches Leben zu führen. Sie wissen meistens aber nicht, dass ein glückliches Leben kein Dauerzustand sein kann. In der Realität geht es immer nur um Glücksmomente. Die meisten Menschen streben aber danach, für immer glücklich zu sein. Dieses Streben ist allerdings aussichtslos. Glück ist immer zeitlich begrenzt und nichts Dauerhaftes. Glück kann man nicht festhalten, man muss es immer wieder einfangen. Das Glück liegt im Zauber des Augenblicks. Das Glück ist wie ein Stern, so nah und doch so fern. Dagegen können Entspanntheit und Zufriedenheit durchaus dauerhaft sein. Glücklichsein muss man immer im Zusammenhang mit Entspanntheit und Zufriedenheit sehen. Das ist Grundvoraussetzung, um Glücksmomente erleben zu können. Menschen, die nicht entspannt und nicht mit sich zufrieden sind, werden auch keine Glücksmomente erleben und somit auch kein glückliches Leben führen können.

Im übertragenen Sinn wäre das mit der Sexualität vergleichbar. Niemand erreicht einen Orgasmus ohne Sex, und ohne Entspanntheit und Zufriedenheit erlebt man keine Glücksmomente.

Niemand kann den Wunsch äußern, dass er morgen glücklich sein möchte. Wenn der Wunsch so geäußert wird, ist man schon im Unglück. Glücksmomente kann man nicht ansteuern, sondern sie ergeben sich aus der Lebensführung jedes Einzelnen, und die wird beeinflusst durch die eigenen Entscheidungen. Es reicht völlig, realistisch zu sein und sich nicht zu scheuen, die notwendigen Entscheidungen im Leben zu treffen, das ist der einzige Weg, immer wieder Entspanntheit und Zufriedenheit und somit Glück zu erfahren. Die meisten Menschen gehen am kleinen

Glück vorbei, weil sie das große Glück suchen.

Sie wollen nicht nur glücklich sein, sondern glücklicher als die anderen. Und das ist deshalb so schwer, weil die anderen für glücklicher gehalten werden, als sie es in Wirklichkeit sind. Dieses Vorhaben geht an der Realität vorbei.

Doch so, wie der Mensch ständig neuen Zielen zustrebt, genügt ihm auch sein Glück niemals. Immer wieder bekommt er das Gefühl, sein Glück weiter steigern zu müssen. Auch der glücklichste Mensch wird versuchen, noch glücklicher zu werden. Und stößt er in der realen Welt an seine Grenzen, sucht er das Glück vielleicht in der Hinwendung zu Gott.

Vorsicht! Die Suche nach dem Glück kann auch unglücklich machen! Das wahre Glück findet man, indem man in der Lage ist, sich Grenzen zu setzen! Alles Tun der Menschen erfordert das rechte Maß. Übersteigerte Vorstellungen enden meistens mit Enttäuschungen. Nur derjenige ist entspannt und zufrieden, der diese Grenze erkennt. Nur dieser Weg führt zu glücklichen Momenten.

Ein Vergleich: Wenn Sie zum Beispiel von Ihrem Leibgericht aus übersteigertem Genuss so viel essen, das Ihnen danach unwohl ist, dann würde Sie das im Nachhinein ärgern und Sie würden es bedauern, weil der Magen drückt. Sie würden sich voraussichtlich vornehmen, beim nächsten Essen maßvoll zu sein. Maßvoll zu essen heißt auch, nach dem Essen Freude zu haben und entspannt und zufrieden zu sein.

Auf das Leben übertragen heißt das, dass auch maßvolles Handeln ein Weg ist, dieses Ziel zu erreichen.

## Die Gier nach Glück vertreibt das Glück.

An einem einfachen Beispiel möchte ich Ihnen aufzeigen, wie Glücklich- oder Unglücklichsein mit der inneren Einstellung und der Denkweise verbunden ist.

Wenn Sie eine Reise beginnen und sich auf dem Weg zum Flughafen Gedanken machen, ob das

Flugzeug auch pünktlich abfliegen wird, und hoffen, dass sich keine Wartezeiten ergeben, dann werden Sie auch mit dieser Erwartung zu Ihrem Gate gehen. Sie haben sich fest darauf eingestellt und erfahren nun am Schalter, dass Ihr Flieger zwei Stunden Verspätung hat. Diese Verspätung wird Sie sehr enttäuschen. Enttäuscht sind Sie aber nur, weil Ihre Erwartung so hoch war.

## Nur wer zu viel erwartet, wird enttäuscht!

Würden Sie mit der Einstellung zum Flughafen fahren, dass das Flugzeug mit großer Wahrscheinlichkeit Verspätung hat, wären Sie darauf eingestellt. Sie wären nicht enttäuscht und würden Ihre Reise entspannt antreten.

Als Tipp möchte ich noch anfügen, dass Sie eine noch schönere Urlaubszeit hätten, wenn Sie sich bis zur Ankunft einredeten, es würde im Urlaub jeden Tag regnen und kalt sein. Sie glauben nicht, wie viel glücklicher Sie sein werden, wenn es dann warm ist und Ihnen die Sonne den Urlaub versüßt.

Maßvolles Handeln gilt auch für das Streben nach Geld. Jedermann weiß das: Man hat nie genug davon! Jeder Mensch, egal wie viel Geld er besitzt, strebt danach, es zu mehren, in dem Glauben, dann könne er glücklicher sein.

## Macht Geld wirklich glücklich?

Fast alle Menschen glauben das, deshalb läuft auch jeder dem Geld grenzenlos hinterher. Es ist aber definitiv nicht möglich, mit noch so viel Geld und Besitz sich das Glück zu erkaufen. Da Süchtige keine Grenzen kennen und nie satt werden, wird weiter dem Geld hinterhergelaufen. Man kann fast täglich im Fernsehen erleben, wie den Reichen gehuldigt wird und diese als erfolgreich und glücklich dargestellt werden. In Sendungen wie zum Beispiel „Das Leben der Superreichen" wird der Reichtum einiger Menschen in einer derart protzigen Art und Weise vorgeführt, dass manche, die mit einer vernünftigen Lebenseinstellung ein normales Leben führen, sich minderwertig vorkommen müssen. Diese Menschen sind sicherlich erfolgreich und zum Teil unermesslich reich, was aber nicht heißen soll, dass sie glücklicher sind als vielleicht mein Zahnarzt, mein Friseur oder mein Nachbar als Rentner. Viele Millionen auf dem Konto und großer materieller Besitz sind nicht die Grundlage für ein entspanntes, zufriedenes und glückliches Leben. Dazu gehört sehr viel mehr, und das kann man mit Geld nicht kaufen. Unabhängigkeit und Zeit, Gesundheit, wahre Freunde, positive Lebenseinstellung, Familiensinn, Herzlichkeit und Hilfsbereitschaft anderen Menschen gegenüber und noch einige andere positive Charaktereigenschaften erscheinen wichtiger als Geld. Wenn diese Leute von sich behaupten können, dass diese Eigenschaften größtenteils auch auf sie zutreffen und dass sie zusätzlich noch erfolgreich und reich sind, dann hätten sie es geschafft. Dies trifft aber nur in seltenen Fällen zu.

Die Reichen und Superreichen haben häufig eine deutlich größere Last zu tragen als viele sogenannte Normalbürger. Viel Geld kann unter Umständen auch zur Last werden. Sie können unermesslich reich und trotzdem unermesslich arm sein! Besitz und Reichtümer machen sehr arm, wenn Krankheit mit ins Spiel kommt. Alles kann morgen oder auch in der nächsten Sekunde vorbei sein.

Man stelle sich einen unermesslichen Reichtum vor, aber vor dem Hintergrund, dass man auf sich allein gestellt auf einer einsamen Insel lebt. An diesem Beispiel kann man deutlich ablesen, dass Reichtum mehr ist, als viel Geld zu besitzen.

Der Mensch muss lernen, sich größtenteils an den Dingen zu erfreuen, die man nicht kaufen kann. Wer das umsetzt, hat seinem Leben sehr viel mehr Inhalt gegeben.

Wenn Reichtum glücklich machen würde, wäre Bill Gates als einer der reichsten Männer der Welt einer der glücklichsten Menschen. Vermutlich ist er ein zufriedener und glücklicher Mensch, aber mit Sicherheit nicht glücklicher als andere, und es wird auch ärmere Menschen geben, die noch intensiver, zufriedener und glücklicher leben als Bill Gates.

Kürzlich wurde in der Presse eine Studie zu diesem Thema veröffentlicht. Demnach stagniert das Glücklichsein ab einem monatlichen Einkommen von fünftausend Euro. Egal wie viel Geld man darüber hinaus verdient, das Glück nimmt nicht mehr zu. Trotzdem kenne ich niemanden, der von sich sagen würde:

Ich bin nicht superreich,
aber ich habe genug Geld.

Würden sich die Menschen diese Einstellung zu eigen machen, fänden sie zu einem erfüllten Leben.

Ich spreche aus Erfahrung. Von dem Zeitpunkt an, da ich nicht mehr dem Geld hinterherlief, begann sich vieles in meinem Leben positiv zu verändern. Dinge, die man nicht kaufen kann, bestimmten nun mein Leben und wurden mir wichtig, zum Beispiel, dass ich sehr viel mehr Zeit mit meinem Kind verbringen und mich intensiv um meinen kranken Vater kümmern konnte. Das war erfüllender, als weiterhin dem Geld nachzujagen.

## Ich habe mir Grenzen gesetzt!

Ich habe damals für mich entschieden, dass ein gewisses Einkommen ausreicht, um meine Vorstellung von Lebensqualität umzusetzen. Mit dieser Summe konnte ich meine Familie vernünftig versorgen. Wir hatten eine respektable Wohnung, ein schönes Auto, konnten mehrmals im Jahr in den Urlaub fahren und ein wenig sparen. Ich verzichtete darauf, weiter die Karriereleiter hochzuklettern, konnte mich auf die Arbeit beschränken, die mir Freude machte, und hatte eine angenehme Arbeitszeit. Es war ein sehr beruhigendes Gefühl, dem Geld nicht mehr hinterherlaufen zu müssen. Hätte ich das weiterhin tun wollen, hätte ich das bezahlen müssen mit längeren Arbeitszeiten, größerer Verantwortung, mehr Druck und mehr Stress. Ich hatte die realistische Einstellung, das Geld wichtig ist, aber andere Dinge ebenso wichtig, wenn nicht sogar noch wichtiger sind. Insbesondere Unabhängigkeit und Zeit sind mit Geld nicht zu bezahlen. Arbeitszeit und Freizeit standen in einem gesunden Verhältnis. Meine Frau war glücklich und mein Sohn freute sich, dass ich viel Zeit mit ihm verbringen konnte. Und ich habe meine Entscheidung nie bereut, ich hatte bis zum Rentenalter eine wirklich glückliche Zeit.

Wenn sich viel mehr Menschen
Grenzen setzten,
wäre unsere Welt gelassener!

Nicht wenige Menschen in den westlichen In-
dustrieländern arbeiten sieben Tage die Woche,
täglich zehn bis fünfzehn Stunden. Nicht selten
wird der Beruf zur krankhaften Belastung und
selbst die Diagnosen Bluthochdruck oder Herzin-
farkt können diese Menschen nicht zum Umden-
ken bewegen. Sie jagen dem Geld hinterher, obwohl sie gar keine Zeit haben, es auszugeben,
stattdessen wollen sie häufig immer noch mehr.

ZEIT IST LEBEN.

ZEIT IST EIN GESCHENK.

NIMM DAS GESCHENK.

OHNE ZEIT KEIN LEBEN.

Auch wenn ihr Wohlstand bereits sehr groß und
der Job längst zur Last geworden ist, halten sie an
ihrem Lebensstil fest. Er ist zur Gewohnheit geworden, sie sind gar nicht mehr in der Lage,
kürzerzutreten. Sie wollen nichts aufgeben, zudem soll das Prestige gewahrt bleiben. Meistens

leiden auch die Familien, zerbrechen oftmals daran, und auch das übrige Leben ist sehr reduziert. Kinder stehen im Hintergrund und erfahren nicht die Aufmerksamkeit, die sie von ihren Eltern erwarten können. Im Grunde sind diese Menschen in ihrer Situation gefesselt und von der Gier nach Geld und Wohlstand fremdgesteuert. Viele bemerken nicht, dass sie dafür einen Preis bezahlen, der viel höher ist als ihr Wohlstand. Meistens ist weniger mehr!

Sich nicht der Zeit zu unterwerfen,

seine Zeit selbst bestimmen,

und sich nicht an

materiellen Reichtum binden,

sich nicht darüber definieren:

Das ist FREIHEIT.

Würden sich die Menschen an dem erfreuen, was ihnen das Leben bietet, statt ihren materiellen Reichtum zu mehren, wäre ihr Leben erfüllter.

Die Realität zeigt aber genau das Gegenteil. Das angehäufte Geld wird nach Möglichkeit zu höchsten Zinssätzen bei den Banken angelegt. Der sich ergebende Profit fließt dann nicht wieder in die Wirtschaft zurück, sondern wird wiederum zu höchsten Zinssätzen, teilweise mit unkalkulierbaren Risiken, angelegt. Die Gier ist so groß, dass sogar in Kauf genommen wird, dass das Geld verloren gehen könnte. Hauptsache, es werden größtmögliche Zinssätze erzielt, damit die Gier nach dem Geld befriedigt wird. Dies ist eine Schraube ohne Ende, bis eine Wirtschaftskrise den Wahnsinn stoppt. Die derzeitige Wirtschaftskrise entstand genau nach diesem Muster. Sie wurde ausschließlich von der Gier nach Geld ausgelöst. Es gab nur diesen einen Grund, der alles in Bewegung setzte. Die Banker weltweit sind so sehr von der Geldgier befallen, dass sie sogar in

Kauf nehmen, eine Weltwirtschaftskrise auszulösen.

Griechenland steht vor der Pleite. Bekannt ist, dass die Korruption dort sehr hoch ist und die Gelder vielfach untereinander aufgeteilt werden.

In einem Interview wurde ein sehr reicher griechischer Reeder gefragt, warum er keine Steuern zahle. Er stellte die Gegenfrage: „Würden Sie der Mafia Geld geben?" Diese Aussage spricht für sich! Der Reeder hat es begriffen, die EU nicht!

Viele Menschen aller Schichten haben eine Lebenseinstellung und einen Lebensstil, als seien sie unsterblich. Doch das Durchschnittsalter eines Mannes in Deutschland beträgt nur 77 Jahre und das einer Frau 82 Jahre.

Versetzen Sie sich einmal in die folgende Lage: Sie haben bis zu Ihrem 65. Lebensjahr schwer gearbeitet, sind dem Geld hinterhergelaufen und haben es zu respektablem Reichtum gebracht. Eine Villa am See, ein Auto der Oberklasse und für die Frau einen Sportwagen der Oberklasse. Des Weiteren besitzen Sie ein zweites Haus am Lago Maggiore im Tessin, das Sie kurz vor Ihrem Ruhestand noch gekauft haben, weil Sie noch viele Jahre mit Ihrer Frau dort Urlaub machen möchten. Für Ihr Hobby, die Fliegerei, besitzen Sie einen Learjet. Kinder haben Sie keine, weil Sie nie Zeit hatten und der Beruf und der Wohlstand Ihnen wichtiger waren. Ihre Millionen, die Sie über die Jahre angehäuft haben, sind gut angelegt, und nun freuen Sie sich, dass Sie Ihren Reichtum noch viele Jahre genießen können. Man ist ja unabhängig und hat viel Zeit.

Fragen Sie sich einmal, ob Ihre Zukunftsvorstellungen realistisch sind und ob Sie für Ihr Leben die richtigen Entscheidungen getroffen haben. Sie werden die Frage vermutlich mit einem Ja beantworten, sonst hätten Sie wahrscheinlich anders entschieden.

Ich werde Ihnen an einem einfachen Gedankenspiel beweisen, dass die Realität eine andere ist. Aber bitte anschnallen – Sie werden gleich erleben, dass Ihre heile Wohlstandswelt an Glanz verliert, denn nichts von dem, was Sie besitzen, können Sie mit in Ihr Grab nehmen.

Im folgenden Beispiel habe ich ein Raster mit 77 Kästchen angelegt. Bei Frauen müssten es 82 Kästchen sein. 77 und 82 stehen für das Durchschnittsalter bei Mann und Frau. Das Raster soll, vom Durchschnittsalter ausgehend, die Lebenszeit und Restlebenszeit bildlich darstellen. Für die gelebten Jahre, in Ihrem Fall 65, werden 65 Kästchen mit einem Kreuz versehen. In Ihrem Fall verbleiben noch zwölf Restlebensjahre. Diese zwölf Jahre erleben Sie ja nicht bewusst, weil Sie in Ihrem Alter täglich durchschnittlich sechs Stunden schlafen. Diese Zeit hochgerechnet, müssen Sie noch vier Kästchen zusätzlich ankreuzen, dann hätten Sie noch acht Restlebensjahre, die Sie noch bewusst genießen können. In dem Raster habe ich die verschlafenen Jahre mit einem Querstrich versehen. Die verbleibenden leeren Kästchen verdeutlichen die Restlebenszeit im Vergleich zu Ihren schon gelebten Jahren. Durch die bildliche Darstellung Ihrer Lebenssituation bekommen Sie einen erheblich realistischeren Eindruck, als wenn Sie frei darüber nachdächten.

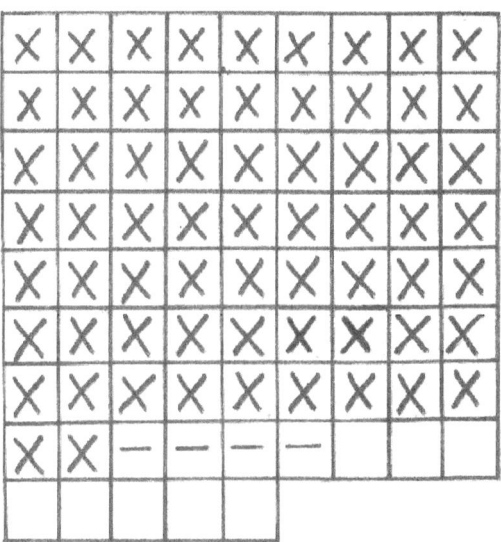

Ich bin sicher, dass Sie jetzt schockiert sind und, vor Enttäuschung sehr nachdenklich, auf das Raster schauen.

Genieße das Leben, der realistische Blick zeigt:

## Dies ist die REALITÄT!
## Es ist später, als Sie denken.

Auch dieses Beispiel zeigt, dass der Mensch sein Leben und seine Lebenssituation nicht richtig einzuschätzen vermag.

Man kann etwas glauben
oder

man kann der Realität
ins Auge schauen.

Im wahren Leben, wo es um wichtige Dinge geht, die das Leben maßgeblich beeinflussen und darüber entscheiden ob ich ein glückliches und entspanntes Leben führe, zählt nur, dass man der Realität ins Auge schaut. Viele Menschen flüchten regelrecht in die Religiosität, weil sie sich im Leben nicht zurechtfinden oder sich dem Leben nicht gewachsen fühlen. Sie stellen sich dem Leben nicht, entwickeln sich nicht weiter oder ziehen sich vom Leben zurück. Sie glauben, dass sie die Religiosität als Rettungsring benutzen können, um im Leben nicht unterzugehen. Gerettet hat das niemanden.

Was versteht man im religiösen Zusammenhang unter Glaube?

Glaube ist Hinwendung zu Gott,
einem übernatürlichen Wesen,
einer höheren Macht.

Niemand hat mir bislang überzeugend erklären können, wer oder was Gott ist. Auch Menschen, die gläubig sind, vermochten es nicht, und so ergeht es vermutlich allen Menschen, die meine skeptische Grundhaltung teilen.

Die Umschreibung als übernatürliches Wesen oder höhere Macht hilft mir nicht weiter, denn auch wenn ich mir darunter etwas vorstellen könnte, entspringen diese Vorstellungen meiner eigenen Gedankenwelt und sind demnach nicht objektiv. In der Fantasie kann man sich ja alles vorstellen. Diese Vorstellung ist grenzenlos. Das gilt für alles, was religiöse Menschen glauben. Auch die Vorstellung von einem Leben nach dem

Tod, der erstaunlich viele Menschen anhängen, ist letztlich nur eine Wunschvorstellung und das Produkt der menschlichen Fantasie.

Das Gleiche gilt für das, was gemeinhin als Aberglauben bezeichnet wird. Eine Bekannte von mir glaubt, dass ab und zu ein böser Geist zu ihr kommt. Wenn sie beispielsweise einen Friedhof besucht, um am Grab ihrer Familie zu gedenken, spürt sie, ausgehend von den Toten, dass er ihr im Nacken sitzt und nach ihr greift. Deshalb steckt sie sich immer eine kleine Menge Salz in die Tasche, um es über die Schulter zu streuen und damit die bösen Geister zu vertreiben. Das Grab der Familie ist ein Urnengrab und in den Urnen befindet sich nur noch die Asche der Hinterbliebenen. Woher sollen bitte die bösen Geister kommen? Ich bin mir sicher, es gibt diese bösen Geister, nur in ihrem Kopf, in ihrer Fantasie.

Die Gefahr ist groß, dass sich die Menschen in ihrer Fantasie verlieren und jeder Bezug zur Realität verloren geht.

Eine Freundin meines Sohnes aus früheren Jahren war seit ihrer Kindheit sehr eng im Glauben verwurzelt. Sie musste auf Geheiß ihrer Eltern ihre Religion sehr streng praktizieren. Mit 24 Jahren trennte sie sich von Religion und Kirche, hatte aber enorme Schwierigkeiten, in die Realität zurückzufinden, auch noch ein Jahr später. Sie beklagte ihre Orientierungslosigkeit, denn seit ihrer Kindheit habe sie gedanklich nur im Jenseits gelebt und es habe nichts anderes gegeben als den Glauben an Gott, und nur der Glaube sei der Wegweiser für ihr Leben gewesen. Diese junge Frau ist ein gutes Beispiel dafür, wie verantwortungslos Eltern handeln, wenn sie ihren Kindern einen Glauben aufzwingen.

Es gibt Gläubige verschiedener Religionen, die sind so extrem stark mit ihrem Glauben verbunden, dass sie das, was sie glauben, mit der Realität verwechseln oder gleichsetzen. Viele Religionen haben vollständige Kontrolle über die Menschen erlangt und vereinnahmen diese. Kritische

Äußerungen oder auch nur die Absicht eines Religionswechsels werden verfolgt und zum Teil mit dem Tod bestraft.

Islamische Selbstmordattentäter sind nur zu ihren Taten fähig, weil sie in ihrem tiefen Glauben fest davon überzeugt sind, nach der Tat ins Paradies zu kommen. Dieses Denken zeigt deutlich, welche Konsequenzen es hat, wenn Glaube mit der Realität verwechselt oder gleichgesetzt wird. Der Glaube ist in diesen Fällen so tief verwurzelt, dass sogar der Tod in Kauf genommen wird.

Je stärker der Glaube ist, desto weiter entfernt man sich vom realen Leben, und umgekehrt gilt, je schwächer der Glaube, desto näher ist man am realen Leben. Der Ausspruch „immer schön auf dem Teppich bleiben" hat auch hier seine Berechtigung.

Besonders Menschen, die lange oder auch dauerhaft in einer Krise leben, sind empfänglich, das Glück in der Hinwendung zu Gott zu suchen. Langfristig kann dieser Weg für niemanden eine

Lösung sein. Er führt immer in eine Sackgasse.

Ein sehr anschauliches Beispiel dafür musste ich ausgerechnet mit meinen Schwiegereltern erleben. Das Zusammenleben der beiden war eine einzige Tragödie. Sie lebten im Dauerstreit, man schrie sich zumeist an oder ging sich aus dem Weg. Meine Schwiegermutter war todunglücklich und im Grunde bestand ihr Leben nur darin, diesen Zustand zu ertragen. Ihre psychische Verfassung war sehr schlecht und sie schluckte täglich Tabletten, um sich zu beruhigen. Immer wieder rieten wir ihr, sich von ihrem Mann zu trennen und ein neues Leben zu beginnen. Sie hielt aber beharrlich an ihrer Lebenssituation fest und lehnte jeden guten Ratschlag ab. Sie war ein sehr gläubiger Mensch und besuchte regelmäßig die Kirche. Uns hielt sie entgegen, sie bete darum, dass alles besser werde, und der liebe Gott werde das schon richten. Am Ende hatte der liebe Gott nichts gerichtet, außer dass er sie fast zugrunde gerichtet hatte.

Mein Schwiegervater ist vor einigen Jahren gestorben, meine Schwiegermutter liegt heute im Pflegeheim und hat viele Jahre ihres Lebens verschenkt. Es hat ihr leider nicht weitergeholfen, auf Gott zu vertrauen und zu ihm zu beten.

Wer sich von der REALITÄT entfernt,
kann nur in einer Sackgasse enden.

Sehr befremdet hat mich eine Reaktion meiner Schwiegermutter anlässlich der Geburt unseres Sohnes. Als wir ihre Frage, ob wir den Kleinen nicht taufen lassen wollten, verneinten, zeigte sie sich entsetzt und meinte, das könnten wir dem Kind doch nicht antun, wenn wir ihn nicht taufen ließen, käme er in die Hölle.

Die Vorstellung von der Existenz einer Hölle mochte im Mittelalter verbreitet und von den religiösen Autoritäten gefördert worden sein, aber heutzutage dürfte dieses Denken überholt sein. Sollte es dennoch gepredigt werden, wirft es ein bezeichnendes Bild auf Glauben und Religion.

Wenn ich nachträglich über den Vorgang einer Taufe nachdenke und über die Wahrscheinlichkeit, dass ein vielleicht pädophiler Geistlicher mein Kind im Arm gehalten hätte, glaube ich, alles richtig gemacht zu haben.

Nachdem der sehr umfangreiche schmutzige Kindesmissbrauch in den Kirchen endlich, aber bedauerlicherweise nur in einem sehr geringen Umfang, aufgedeckt wurde und davon auszugehen ist, dass das nur die Spitze des Eisberges ist, sind meine Gedanken nicht ganz abwegig.

Warum erfolgt im Christentum die Taufe überhaupt im Säuglingsalter? In einem Alter, wo die Kinder nicht eigenverantwortlich entscheiden können, ob und welcher Religion sie angehören wollen? Die Religionszugehörigkeit wird den Kindern von den Eltern und der Kirche übergestülpt. Diese Vorgehensweise sollte infrage gestellt werden. Doch die Kirche beharrt auf ihrer Tradition. Was vor tausend Jahren richtig war, ist es auch heute.

Dafür gibt es einen Grund:

## Die Kirche braucht ihre Berechtigung.

Weltweit bezeichnen sich ungefähr zwei Milliarden Menschen als Christen. Diese Zahl wäre erheblich kleiner, wenn die Menschen selbstbestimmt entscheiden könnten, ob sie Christen werden wollen, beispielsweise zum Zeitpunkt Ihrer Volljährigkeit. Allerdings bliebe dann vermutlich der Kirche der Nachwuchs aus und mit Sicherheit wäre sie nicht mehr in der Lage, jungen Menschen ihre lebensfremden, nahezu mittelalterlichen Botschaften zu vermitteln. Die meisten jungen Menschen haben ganz andere Fragen als die, ob es einen Gott, ein Leben nach dem Tod oder eine Hölle gibt. Die Gesellschaft hat sich verändert. Die meisten kämpfen um einen Ausbildungs-, Studien- oder Arbeitsplatz. Die Arbeitslosigkeit ist gerade bei Jugendlichen und jungen Erwachsenen sehr hoch. Zudem schlagen die Gefühle der Frustration und Ohnmacht häufig in Gewalttätigkeit um. Das Aggressionspotenzial hat erheblich zugenommen.

## Kann ein Glaube, eine Religion oder die Kirche da weiterhelfen?

Die christliche Kirche präsentiert sich heutzutage vorrangig als Vereinigung alter Kirchenmänner in langen Gewändern, die vor leeren Bänken die Messe lesen, dabei die Hände erheben, sich und andere bekreuzigen und aus den heiligen Schriften vorlesen, in einer Sprache, die niemand versteht, es sei denn, man hat Theologie studiert oder wurde von den Eltern schon im Kindesalter in die Kirche gedrängt. Die Kirchensprache ist veraltet, abgestanden und unverständlich. Die Inhalte und Rituale sind den wenigsten Menschen geläufig. Nichts von alledem spricht junge Menschen an, und auch das Menschenbild hat sich grundlegend geändert. Die Kirche hat keine Antworten mehr auf die Fragen unserer Zeit. Viele Menschen wenden sich ab, insbesondere aufgrund der Frauenfeindlichkeit, der kirchlichen Haltung zu Ehe, Sexualität und Homosexualität, und in der letzten Zeit vor allem aufgrund der skandalösen Missbrauchsfälle. Kindesmissbrauch ist eines der scheußlichsten Verbrechen auf dieser Welt, und er wurde schon seit Jahrzehnten in großem Stil von Kirchenvertretern betrieben. Obwohl es sich um schwere Verbrechen handelt, wird beschönigend von Missbrauchsfällen gesprochen, wenn Kirchenvertreter sich überhaupt zu dem Thema äußern. Zu glauben, diese Verbrechen gäbe es erst in jüngster Zeit, ist unrealistisch. Es gibt sie, solange es die Kirche gibt. Das zu glauben, ist realistisch. Wenn man sich vor Augen hält, wie viele Menschen über die Jahrhunderte diesen Verbrechen zum Opfer fielen, wie viele Opfer daran zerbrachen und die Misshandlungen nicht überlebten, dann trifft die Kirchen eine nicht wiedergutzumachende Schuld. Zudem ist bekannt, dass die Kirchen größtenteils von den Verbrechen wussten, diese aber vertuschten und es immer noch tun. Damit wurde und wird auch weiterhin vielen kirchlichen Straftätern der Weg für weitere Taten bereitet. Welch ein Hohn für die Opfer.

In jeder anderen Organisation oder Institution wären diese Verbrechen bis ins letzte Detail aufgeklärt und an die Öffentlichkeit gebracht worden. Sexualstraftäter werden üblicherweise zu langjährigen Haftstrafen, teilweise mit Sicherungsverwahrung, verurteilt. Es ist völlig unverständlich, warum die pädophilen Kirchenmänner größtenteils frei herumlaufen.

Durch diese Verbrechen
des Kindesmissbrauchs
und ihre Vertuschung
hat die christliche Kirche
ihre Glaubwürdigkeit
völlig verloren!

Immer mehr Menschen treten aus der Kirche aus. Sie sehen nicht mehr ein, warum sie weiterhin mit ihren Steuern diese Institution unterstützen sollen, deren Mitglied sie zumeist nicht aus freiem Entschluss wurden, sondern weil ihre Eltern es so wollten.

Mit der Krise der Kirchen geht allerdings einher, dass esoterische Bewegungen immer größeren Zulauf bekommen. Das folgende Beispiel eines mir bekannten Mannes lässt mich ratlos und nachdenklich zurück. Dieser Mann betrachtet sich als Wunderheiler.

Er könne Energien von oben (was oben auch immer bedeutet) empfangen und diese weitergeben. Außerdem habe er Verbindung zu Engeln, mit denen er auch kommuniziere. Seine Fähigkeit, Menschen zu heilen, gehe so weit, dass er das über Kontinente hinweg tun könne, übers Telefon. Außerdem erzählte mir eine Person, die dem sogenannten Wunderheiler sehr nahesteht, dass sich beide in einer Wohnung aufgehalten hätten.

Sie hätte auf einem Bett gesessen und bemerkt, dass das Bett zu vibrieren begann. Des Weiteren sollen alle Uhren in der Wohnung gleichzeitig stehen geblieben sein und eine Tür zu einem Nebenzimmer habe sich hin und her bewegt, obwohl niemand anwesend war.

Eines Tages, während einer Hochzeitsfeier, kam ich mit ihm ins Gespräch und wir unterhielten uns über seine Fähigkeiten. Währenddessen hielt er seine Hand hinter meinem Rücken gegen den Stuhl gedrückt. Ich erzählte ihm, dass ich einen Bandscheibenvorfall erlitten habe und ständig unter starken Schmerzen leide. Spaßeshalber fragte ich ihn, ob er mich nicht heilen könne, worauf er antwortete, dass er dies bereits die ganze Zeit versuche. Das sei der Grund, warum er seine Hand hinter meinen Rücken halte. Er erkundigte sich, ob ich schon Besserung spüre, doch das war nicht der Fall. Das liege daran, dass ich bereits einige Gläser Wein getrunken hätte, denn Alkohol stehe der Übermittlung der Energien entgegen. Er bot mir an, am nächsten Tag einen weiteren Versuch zu unternehmen, aber ich lehnte dankend ab.

Dieser Mann ist alles andere als ein ausgeflippter Spinner. Wenn man ihm gegenübertritt, macht er einen ganz seriösen Eindruck und im Gespräch mit ihm stellt man fest, dass er sein Anliegen mit großer Ernsthaftigkeit vertritt.

Immer wieder fallen Menschen auf den Schwindel herein, sich durch Handauflegen heilen zu lassen, und vereinzelt wird sogar von einer Wirkung berichtet. Doch dafür gibt es eine einfache Erklärung.

Stellen Sie sich vor, Sie seien unheilbar krank und befürchten, bald sterben zu müssen. Wenn Ihnen in solch einer Situation jemand sagt: „Ich kenn da jemanden, der schon viele Menschen geheilt hat, und Sie können davon ausgehen, dass er auch Ihnen helfen kann", dann schöpfen Sie Hoffnung, bekommen positive Gedanken und werden diese Person voller Hoffnung aufsuchen.

# Der Mensch lebt von der Hoffnung!

Ob wirklich schon einmal jemand geheilt wurde, spielt am Ende keine Rolle. Einzig und allein wichtig ist, dass Ihnen eine dritte Person suggeriert hat, es sei möglich. Durch die Hoffnung und durch die Kraft der positiven Gedanken soll eine Besserung erreicht werden. Kann der Mensch hoffen, stellen sich auch weitere positive Gedanken ein und ihm geht es unter Umständen etwas besser. Eine tatsächliche, grundlegende Besserung ist ausgeschlossen.

So gesehen könnte sich jeder zum Wunderheiler machen, wenn er eine dritte Person beauftragt, jemand anderem zu suggerieren, er sei zur Heilung fähig.

Wunderheiler spielen in unverantwortlicher Weise mit dem, woran die Menschen glauben wollen und was sie sich erhoffen. Sie versprechen, was sie nicht erfüllen können. Es gilt, dies zu durchschauen und sich an dem zu orientieren, was real ist.

Für mich stellt sich an dieser Stelle die Frage, wie ein Mensch, der mit solchen Glaubenswucherungen konfrontiert ist, Zugang zu Religion und Kirche finden soll.

> Alle Religionen haben das Ziel,
> den Menschen zu verbessern und
> die Welt gerechter zu machen.

Eine berechtigte Frage wäre, ob die Religionen das erreicht haben. Der Zustand der Menschheit und die Welt, in der wir leben, zeigen uns genau das Gegenteil.

Wenn es Fortschritte gibt, die die Menschheit erreicht hat, beruhen diese auf realitätsorientierten Entscheidungen, nicht auf religiösen Handlungen.

Globale Fragen wie zum Beispiel Armut und Hunger stellen sich als die größten ungelösten Probleme dar.

Vielfach wenden sich gerade diese betroffenen Menschen einer Religion zu und erwarten Hilfe im Glauben an Gott. Furcht, Angst und eine ungewisse Zukunft sind die Triebfedern. Durch diese Hinwendung versperren sich die Menschen die Sicht auf die Realität und können nicht reagieren und keine Entscheidungen treffen, um zu einem zufriedenen Leben zu finden. In dem Glauben, dass Gott schon helfen wird, werden diese Menschen weiterhin leiden. Die Vergangenheit hat das eindeutig bewiesen, und in der Zukunft werden die Probleme auch weiterhin ungelöst bleiben. Wenn diese Menschen in die Realität zurückfänden, sich an dem orientierten, was erreichbar ist, und fähig würden, selbstbestimmte, eigenverantwortliche Entscheidungen zu treffen, dann hätten sie auch eine Perspektive.

Aus historischer Perspektive war die Mehrzahl aller Kriege religiös, nicht politisch motiviert. Im Namen Gottes wurde den Menschen im Laufe der Geschichte unglaubliches Leid angetan. Bis in die heutige Zeit sind religiös motivierter Hass, Streit, Terror und Gewalt an der Tagesordnung und es ist kein Ende abzusehen. Auch in unserer Zeit haben die meisten Konflikte, Krisen und Kriege einen religiösen Hintergrund. Es brodelt überall und keiner weiß, wohin das führt. Der Islam beispielsweise propagiert den „Heiligen Krieg". Menschen, die keine Moslems sind, gelten demnach als Ungläubige, die es zu bekämpfen, ja zu töten gilt. Als Belohnung verspricht er seinen Kriegern den unmittelbaren Eintritt in das Paradies. Der 11. September gilt weltweit als das bislang schlimmste Terrorereignis im Namen Gottes. Doch nicht nur der Islam, sondern auch andere Religionen bekämpfen sich in gegenseitigem Hass.

## Sind das verbesserte Menschen und ist das eine gerechte Welt?

Bis Ende der Achtzigerjahre hatte die westliche Welt sich mit dem Kommunismus auseinanderzusetzen. Die Angst war groß, dass es zu einer Eskalation kommen könnte. Die Kubakrise, der Kalte Krieg und das atomare Wettrüsten versetzten die Menschen in Angst und Schrecken. Der Ost-West-Gegensatz ist weitgehend Geschichte, doch die Welt ist nicht friedlicher und sicherer geworden, im Gegenteil. Uns drohen neue globale Gefahren durch religiös motivierte Kriege, Hass, Terror und Gewalt. Trotzdem finden immer wieder Menschen zum Glauben, auch in den Staaten des Westens.

Alle gläubigen Menschen haben eine mehr oder weniger starke Hinwendung zu Gott. Niemand kommt auf die Idee, dass sein Glaube auch ein Irrglaube sein könnte. Die Hoffnungen und Erwartungen an Gott sind teilweise grenzenlos. Gedanken wie „Gott ist allgegenwärtig, Gott hilft mir und Gott bringt nur Gutes" lassen viele Menschen aus der Realität abgleiten. Wo aber ist Gott, wenn religiöser Krieg, Hass, Terror und Gewalt die Welt verunsichern? Eine berechtigte Frage, die bisher keiner beantworten konnte.

Die meisten Gläubigen akzeptieren andere Glaubensrichtungen nicht. Die eigene Religion wird meistens sehr engstirnig als die einzig wahre angesehen. Gläubige anderer Glaubensrichtungen werden als abtrünnig oder als ungläubig betrachtet. Die Folge ist dann vielfach Verfolgung und Unterdrückung. Wenn man in die Welt hinausschaut, spiegelt sich genau das auch so wider.

Dieser religiöse Terror und die davon ausgehende Gewalt erreichen mittlerweile alle Menschen weltweit. Unterbewusst ist niemand frei von der Angst, dass daraus ein globaler Flächenbrand entstehen könnte. Alle Menschen sind im Alltag damit konfrontiert und werden mehr oder weniger psychisch davon beeinflusst. Vergleichbar wäre diese gesamte Situation mit einem Krebsgeschwür, welches ständig neue Metastasen bildet. Jeder fürchtet sich aber vor Krebs.

Angst schränkt die Menschen aber auch in ihrer Entscheidungsfreiheit ein. Man stellt sich unter Umständen die Frage: „Welche Konsequenzen haben meine Entscheidungen?" Nur wenn man konsequent seinen realistischen Weg geht und sich entscheidet, diesen Weg so weiterzugehen, wird man die Kraft haben, mit dem religiösen Wahn zu leben, und am Ende als der Stärkere dastehen.

Wo würde die Menschheit heute wohl stehen, wenn Glaube und Religion die Menschen nicht über Hunderte von Jahren geblendet hätten? Gerade in armen Ländern, wo große Not herrscht, sind die Menschen sehr offen für eine Hinwendung zu Gott. Wäre die Entwicklung in diesen Ländern nicht schon sehr viel weiter fortgeschritten, wenn man sich nicht auf Gott verlassen hätte, und gilt dies nicht auch für die restliche Welt?

Angenommen, es gäbe heute keinen Glauben und keine Religionen in der Welt, die Menschheit wäre davon völlig befreit. In welchem Zustand befände sich die Welt, wenn man sich die weltweiten religiösen Kriege, Hass und Terror und die unsagbare Zerrissenheit der Religionen wegdächte? Wenn alle Gläubigen dieser Welt wieder in die Realität zurückfänden, sich durch Hinwendung zu Gott nicht die Sicht versperren ließen und ein an der Realität orientiertes Leben führten – hätten wir dann eine bessere Welt?

Ich werde die Frage hier nicht beantworten. Das soll jedem Leser überlassen bleiben.

Stellen wir uns das Gegenteil vor, dass die gesamte Menschheit einen so tief verwurzelten Glauben hätte und ausnahmslos jedermann seine Glaubenssätze für die Realität hielte. Wie hätte die Menschheit sich entwickelt und wie würde die Welt heute aussehen? Wenn man die Religionsgeschichte nachvollzieht mit allen Vorteilen und mit den gravierenden Nachteilen, wäre diese Welt lebenswert?

Auch die Beantwortung dieser Frage überlasse ich dem Leser.

In den Jahrhunderten zeigte sich vielfach, dass Hass und Terror den Menschen sehr schadeten. Wenn Sie zu der Antwort kämen, dass wir so eine Welt nicht benötigen, dann müssten Sie auch zu der Erkenntnis kommen, dass das, was die Menschheit nicht braucht, auch für den Einzelnen überflüssig ist.

Auch wenn Glaube und Religion dem einzelnen Menschen in seiner Lebensführung durchaus eine Hilfestellung sein können, ist nicht zu übersehen, dass für die gesamte Menschheit das Gegenteil gilt, und für die Zukunft ist leider nichts anderes zu erwarten. Die Entwicklung der Menschheit scheint sich nach dem Prinzip „zwei Schritte vor, einen zurück" zu vollziehen, und für die Rückschritte, aber auch den Stillstand, sorgen zumeist die Religionen. Das gilt auch für das Leben jedes Einzelnen. Die Kirchen und Religionen schöpfen ihre Kraft stets aus Tradition und Vergangenheit, und wer sich daran orientiert, fährt, bildlich gesprochen, im Rückwärtsgang und erreicht sein Ziel nie. Wenn Sie ein gegenwartsorientierter, realistischer Mensch sind und durch sinnvolle Entscheidungen ihr Leben selbst in die Hand nehmen, dann ist das so, als steuerten Sie mit Vollgas und im Vorwärtsgang in Richtung glücklicher Zukunft.

Das Ziel lässt sich nur
im Vorwärtsgang erreichen!

Auch ich habe mein Lebensglück nur gefunden, weil ich im Augenblick lebe. Die Vergangenheit ist vergangen, und die Zukunft ist nur Zukunft.

Wenn Sie an einem Fluss stehen,
werden Sie das vorbeifließende
Wasser niemals zurückholen können.
Es ist für alle Zeit verflossen.

Dieses anschauliche Beispiel kann jeder auf sein Leben übertragen. Das wahre Leben ist das Jetzt, der Augenblick, den ich gerade erlebe. Vergangenheit und Zukunft finden nur im Kopf statt. Trotzdem suchen (zu) viele Menschen das Glück des Lebens in der Vergangenheit, hängen

verpassten Gelegenheiten nach, bedauern Fehlentscheidungen, machen sich Vorwürfe oder lassen sich leiten von rückwärtsgewandten Glau-
benssätzen ihrer Religion. Ein glücklicher Mensch
kann nur sein, wer die Vergangenheit losgelassen
hat

*Zum Abschluss möchte ich Ihnen die Frage stellen: „Vertrauen Sie mehr der Realität oder einem Glauben?"*

*Ich hoffe erreicht zu haben, dass Sie die Frage für sich beantworten können und dass Sie Ihren Weg finden, auf dem Sie Ihr Ziel erreichen.*

*Jeder Mensch versucht, entsprechend seinen Fähigkeiten, seinem Leben gerecht zu werden. Diese Wegstrecke kann sehr lang sein und es gibt unendlich viele Möglichkeiten, seine Erwartungen, die man an das Leben hat, zu erfüllen. Jeder muss seinen Weg finden.*

*Ich habe an sehr vielen Beispielen nachvollziehbar dargestellt, dass der Weg, sein Ziel zu erreichen, nicht sehr lang sein muss. Es ist nicht sehr schwer, ein entspanntes, zufriedenes und glückliches Leben zu erreichen.*

**Keine Probleme vor sich hertragen,**

**sich Grenzen setzen,**

**realitätsorientierte und selbstbestimmte**

**Entscheidungen treffen,**

**und die Aussage**

**„Was ist - das ist"**

**einprägen und verinnerlichen,**

*das sind im Wesentlichen die Eckpfeiler, die Sie durch das Leben tragen könnten. Wenn Sie diese Vorgehensweise zu Ihrer Lebensphilosophie machen, werden Sie zu einem entspannten, zufriedenen und glücklichen Leben finden.*

*Diese meine Lebensphilosophie habe ich dem religiösen Glauben entgegengestellt. Ich wollte deutlich machen, dass Sie in einem Luftschloss wohnen, wenn Sie sich einem Glauben hingeben. Ich wollte auch erreichen, dass Sie darüber nachdenken, ob Religion und Kirche in ihrer ganzen Zerrissenheit und dem Leid, welches den Menschen über Jahrhunderte angetan wurde, es wert* sind und man ihnen heute noch das Vertrauen schenken sollte, dass sie Menschen den Weg durch das Leben vorgeben.

Ich möchte keine Empfehlung aussprechen, ob Sie das eine oder das andere oder von jedem etwas tun sollten, um Ihre Ziele zu erreichen. Sie müssen Ihren Weg selbst finden.

Ich wünsche Ihnen, dass Sie ein glücklicher Mensch werden!

Fotokunstarbeiten des Autors:

# www.fotokunst-hamburg.com

Über 200 Motive

aus verschiedenen Bereichen:

Allgemein

Hamburg

Sonnenuntergänge

Sylt

Rhein / Mosel

Architektur

Graffiti

Oldtimer

Blumen

Tiere

Lanzarote

Landschaften

Venedig

Erotik

## Über tredition

Der tredition Verlag wurde 2006 in Hamburg gegründet. Seitdem hat tredition Hunderte von Büchern veröffentlicht. Autoren können in wenigen leichten Schritten print-Books, e-Books und audio-Books publizieren. Der Verlag hat das Ziel, die beste und fairste Veröffentlichungsmöglichkeit für Autoren zu bieten.

tredition wurde mit der Erkenntnis gegründet, dass nur etwa jedes 200. bei Verlagen eingereichte Manuskript veröffentlicht wird. Dabei hat jedes Buch seinen Markt, also seine Leser. tredition sorgt dafür, dass für jedes Buch die Leserschaft auch erreicht wird

Autoren können das einzigartige Literatur-Netzwerk von tredition nutzen. Hier bieten zahlreiche Literatur-Partner (das sind Lektoren, Übersetzer, Hörbuchsprecher und Illustratoren) ihre Dienstleistung an, um Manuskripte zu verbessern oder die Vielfalt zu erhöhen. Autoren vereinbaren unabhängig von tredition mit Literatur-Partnern die Konditionen ihrer Zusammenarbeit und können gemeinsam am Erfolg des Buches partizipieren.

Das gesamte Verlagsprogramm von tredition ist bei allen stationären Buchhandlungen und Online-Buchhändlern wie z. B. Amazon erhältlich.

e-Books stehen bei den führenden Online-Portalen (z. B. iBookstore von Apple) zum Verkauf.

Seit 2009 bietet tredition sein Verlagskonzept auch als sogenanntes "White-Label" an. Das bedeutet, dass andere Personen oder Institutionen risikofrei und unkompliziert selbst zum Herausgeber von Büchern und Buchreihen unter eigener Marke werden können.

Mittlerweile zählen zahlreiche renommierte Unternehmen, Zeitschriften-, Zeitungs- und Buchverlage, Universitäten, Forschungseinrichtungen, Unternehmensberatungen zu den Kunden von tredition. Unter www.tredition-corporate.de bietet tredition vielfältige weitere Verlagsleistungen speziell für Geschäftskunden an.

tredition wurde mit mehreren Innovationspreisen ausgezeichnet, u. a. Webfuture Award und Innovationspreis der Buch-Digitale.

tredition ist Mitglied im Börsenverein des Deutschen Buchhandels

Zeitfracht Medien GmbH
Ferdinand-Jühlke-Straße 7
99095 Erfurt, Deutschland
produktsicherheit@kolibri360.de